Schaum's Foreign Language Series

COMMERCE ET MARKETING

Lectures et Vocabulaire

en français

Conrad J. Schmitt

Katia Brillié Lutz

McGraw-Hill, Inc.

New York   St. Louis   San Francisco   Auckland
Bogotá   Caracas   Lisbon   London   Madrid   Mexico   Milan
Montreal   New Delhi   Paris   San Juan   Singapore
Sydney   Tokyo   Toronto

Sponsoring Editors: John Aliano, Meg Tobin
Production Supervisor: Janelle Travers
Editing Supervisor: Patty Andrews
Cover Design: Wanda Siedlecka
Text Design and Composition: Suzanne Shetler/Literary Graphics
Graphs: Andrew D. Salik
Printer and Binder: R.R. Donnelley and Sons Company

COMMERCE ET MARKETING

1 2 3 4 5 6 7 8 9 10 11 12 13 14 15 DOC DOC 9 8 7 6 5 4 3 2 1

ISBN 0-07-056811-1

Library of Congress Cataloging-in-Publication Data
Schmitt, Conrad J.
  Commerce et marketing = (Business and marketing) /
  Conrad J. Schmitt, Katia Brillié Lutz
      p.   cm.—(Schaum's foreign language series)
  Includes index.
  ISBN 0-07-056811-1
  1. French language—Business French. 2. French language—
  Readers—Business. 3. French language—Readers—Marketing.
  4. French language—Textbooks for foreign speakers—English.
  I. Lutz, Katia Brillié II. Title. III. Title: Business and
  marketing . IV. Series.
  PC2120.C6S3 1992
                                 91-11288
                                   CIP

ABOUT THE AUTHORS

Conrad J. Schmitt

Mr. Schmitt was Editor-in-Chief of Foreign Language, ESL, and Bilingual Publishing with McGraw-Hill Book Company. Prior to joining McGraw-Hill, Mr. Schmitt taught languages at all levels of instruction from elementary school through college. He has taught Spanish at Montclair State College, Upper Montclair, New Jersey; French at Upsala College, East Orange, New Jersey; and Methods of Teaching a Foreign Language at the Graduate School of Education, Rutgers University, New Brunswick, New Jersey. He also served as Coordinator of Foreign Languages for the Hackensack, New Jersey, Public Schools. Mr. Schmitt is the author of many foreign language books at all levels of instruction, including the communicating titles in Schaum's Foreign Language Series. He has traveled extensively throughout France, Canada, Martinique, Guadeloupe, Haiti, Tunisia, and Morocco. He presently devotes his full time to writing, lecturing, and teaching.

Katia Brillié Lutz

Ms. Lutz was Executive Editor of French at Macmillan Publishing Company. Prior to that, she taught French language and literature at Yale University and Southern Connecticut State College. Ms. Lutz also served as a Senior Editor at Harcourt Brace Jovanovich and Holt, Rinehart and Winston. She was a news translator and announcer for the BBC Overseas Language Services in London. Ms. Lutz has her Baccalauréat in Mathematics and Science from the Lycée Molière in Paris and her Licence ès lettres in Languages from the Sorbonne. She was a Fulbright Scholar at Mount Holyoke College. Ms. Lutz is the author of many foreign language books at all levels of instruction. She presently devotes her full time to teaching French at the United Nations and writing.

≡ PREFACE

The purpose of this book is to provide the reader with the vocabulary needed to discuss the fields of Business and Marketing in French. It is intended for the individual who has a basic background in the French language and who wishes to be able to converse in this language in his or her field of expertise. The book is divided into two parts—Part One, Business and Part Two, Marketing. The content of each chapter focuses on a major area or topic relative to each of these fields. The authors wish to stress that it is not the intent of the book to teach Business or Marketing. The intent of the book is to teach the lexicon or vocabulary needed to discuss the fields of Business and Marketing in French. It is assumed that the reader has learned about these fields either through college study or work experience.

The specific field-related vocabulary presented in this book is not found in basic language textbooks. This book can be used as a text in a specialized French course for Business and Marketing. The book can also be used by students studying a basic course in French who want to supplement their knowledge of the language by enriching their vocabulary in their own field of interest or expertise. This adds a useful dimension to language learning. It makes the language a valuable tool in the modern world of international communications and commerce. Since the gender of nouns related to professions in the romance languages involves grammatical changes that are sometimes quite complicated, we have, for the sake of simplicity, used the generic **le** form of nouns dealing with professions.

Using the Book

If a student uses the book on his or her own in some form of individualized study or leisurely reading, the following procedures are recommended to obtain maximum benefit from the book.

Since the specific type of vocabulary used in this book is not introduced in regular texts, you will encounter many unfamiliar words. Do not be discouraged. Many of the words are cognates. A cognate is a word that looks and may mean the same in both French and English but is, in most cases, pronounced differently. Examples of cognates are **la corporation** and **la compagnie.** You should be able to guess their meaning without difficulty, which will simplify your task of acquiring a new lexicon.

Before reading the chapter, proceed to the exercises that follow the reading. First, read the list of cognates that appears in the chapter. This cognate list is the first exercise of each chapter. Then look at the cognate exercises to familiarize yourself with them.

Continue by looking at the matching lists of English words and their French equivalents. These matching lists present words that are not cognates, that is, those words that have no resemblance to one another in the two languages. Look at the English list only. The first time you look at this exercise you will not be able to determine the French equivalent. The purpose of looking at the English list is to make you aware of the specific type of vocabulary you will find in reading the chapter. After having looked at the English list, read the French list; do not try to match the English-French equivalents yet.

After you have reviewed the cognates and the lists of English words, read the chapter quickly. Guess the meanings of words through the context of the sentence. After having read the chapter once, you may wish to read it again quickly.

After you have read the chapter once or twice, attempt to do the exercises. Read the chapter once again, then complete those exercises you were not able to do on the first try. If you cannot complete an exercise, check the answer in the Answer Key in the Appendix. Remember that the exercises are in the book to help you learn and use the words; their purpose is not to test you.

After going over the exercises a second time, read the chapter again. It is not necessary for you to retain all the words; most likely, you will not be able to. However, you will encounter many of the same words again in subsequent chapters. By the time you have finished the book, you will retain and be familiar with enough words to enable you to discuss the fields of Business and Marketing in French with a moderate degree of ease.

If there is a reason for you to become expert in carrying on business or marketing discussions in French, it is recommended that you reread the book frequently. It is more advantageous to read and expose yourself to the same material often. Do not attempt to study a particular chapter arduously until you have mastered it. In language acquisition, constant reinforcement is more beneficial than tedious, short-term scrutiny.

In addition to the vocabulary exercises, there is a series of comprehension exercises in each chapter. These comprehension exercises will provide you with an opportunity on your own to discuss business and marketing matters and will enable you to use the new vocabulary you just learned.

If you are interested in fields other than Business and Marketing, you will find, on the back cover of this book, a complete list of the titles and the fields available to you.

≡ CONTENTS

Première partie

LE COMMERCE

Chapitre 1
QU'EST-CE QUE LE COMMERCE?

Le but du commerce est de produire et de vendre avec bénéfice des produits ou des services ou les deux. Le terrain où vendeurs et acheteurs se rencontrent s'appelle «le marché».

Le commerce peut s'effectuer à l'intérieur d'un pays (c'est le commerce intérieur) ou en dehors de ce pays (le commerce extérieur). Le commerce peut porter sur de grosses quantités (c'est le commerce de gros), sur des quantités moyennes (le commerce de demi-gros) et enfin sur de petites quantités (le commerce de détail).

Au départ, le commerce était fondé sur le troc, c'est-à-dire l'échange de marchandises de valeur égale. Déterminer les valeurs respectives de marchandises à échanger était une tâche fort complexe. C'est ainsi qu'est née l'idée de créer une monnaie d'échange: Le vendeur détermine le prix qu'il veut pour sa marchandise, et l'acheteur lui donne cette somme d'argent. Mais qu'est-ce que l'argent? On pourrait définir l'argent en ces termes: «tout moyen de paiement qui est accepté d'une façon générale et qui peut s'échanger pour des biens et services, à la satisfaction des partis engagés dans l'échange». L'argent en soi n'a souvent aucune valeur sinon qu'il représente une valeur. Les gens doivent être d'accord sur ce qui représente de l'argent. S'ils acceptent des coquillages[1] ou des cailloux[2], alors ces coquillages ou ces cailloux deviennent de l'argent.

L'argent

L'argent a plusieurs fonctions. C'est d'abord un moyen d'échange, c'est-à-dire qu'on peut l'utiliser pour acheter des biens et des services. C'est aussi une mesure de valeur: on peut l'utiliser pour comparer la valeur de biens différents, par exemple une voiture vaut 10 000 dollars, une autre en vaut 12 000. Enfin, l'argent est un stockage de valeur; on peut l'accumuler et le garder.

L'argent a plusieurs caractéristiques. Tout d'abord, l'argent doit être accepté comme tel. Dans un système économique, tous les participants doivent être d'accord sur le fait que l'argent a de la valeur et peut être utilisé à la satisfaction de tous les partis. L'argent doit être divisible, et les différentes unités, aussi grandes ou petites soient-elles, doivent conserver une valeur fixe. L'argent doit être

---

[1]*shells* [2]*pebbles*

transportable—ce qui est le cas de la monnaie de papier. La dernière caractéristique de l'argent c'est que c'est une valeur plus ou moins stable: on doit pouvoir acheter le même bien avec environ la même somme d'argent pendant une période de temps raisonnable.

Quand nous pensons argent, nous pensons pièces et billets de banque. On utilise l'argent liquide pour des transactions de peu de valeur. Plus de 80% de la valeur des transactions s'effectue par chèque. Le nombre des transactions en argent liquide est plus élevé, mais il est inférieur en valeur.

ETUDE DES MOTS

Exercice 1 Study the following cognates that appear in this chapter.

le produit	intérieur	produire
le service	extérieur	déterminer
le terrain	égal	accepter
la marchandise	divisible	représenter
le paiement	fixe	utiliser
la satisfaction	stable	comparer
la fonction	transportable	accumuler
la caractéristique	raisonnable	conserver
le participant	inférieur	
le cas		
la période		
la transaction		

Exercice 2 Complete each statement with the appropriate word(s).
1. On paie. On fait (effectue) le _____.
2. On produit quelque chose. On fait (fabrique) un _____.
3. On est satisfait. On a de la _____.
4. On peut le diviser. Il est _____.
5. On peut le transporter. Il est _____.
6. Il va participer. Il veut être _____.

Exercice 3 Match the word in Column A with its equivalent in Column B.

A	B
1. stable	a. le même
2. complexe	b. employer
3. égal	c. fixe
4. utiliser	d. convenable, suffisant, sans excès
5. conserver	e. compliqué
6. raisonnable	f. garder
7. la fonction	g. la situation, ce qui arrive
8. le cas	h. l'emploi, le rôle
9. accumuler	i. indiquer, fixer avec précision
10. déterminer	j. amasser, entasser

Exercice 4   Give the word being defined.
1. créer, donner naissance à, faire, fabriquer
2. ce qu'on crée, fait ou fabrique
3. un produit qu'on vend ou qu'on achète
4. une opération commerciale
5. le contraire de «supérieur»
6. le contraire de «extérieur»

Exercice 5   Match the English word in Column A with its French equivalent in Column B.

A	B
1. business, trade	a. le bénéfice
2. seller	b. le commerce de gros
3. buyer	c. le but
4. profit	d. s'effectuer
5. market	e. le commerce
6. wholesale business	f. le marché
7. wholesale/retail business	g. le commerce de détail
8. retail business	h. le vendeur
9. type	i. le commerce de demi-gros
10. goal, objective	j. la tâche
11. task, job	k. le genre
12. to be carried out, brought about	l. l'acheteur

Exercice 6   Give the word being defined.
1. celui qui vend une marchandise
2. le consommateur, celui qui achète le produit ou le bien
3. le profit
4. la différence entre le prix et le coût
5. l'objectif
6. travail à faire dans un temps déterminé
7. le type, le classement
8. un commerce basé sur de grosses ventes
9. un magasin où l'on vend de petites quantités
10. tout ce qui concerne le vendeur et l'acheteur

Exercice 7   Select the appropriate word(s) to complete each statement.
1. Le _____ du commerce est de produire et de vendre des produits (des biens) ou des services.
   a. bénéfice   b. marché   c. but
2. Le commerce doit produire et vendre des biens ou des services avec _____.
   a. une tâche   b. un bénéfice   c. un but
3. C'est le commerce de _____ qui porte sur de petites quantités.
   a. gros   b. demi-gros   c. détail

4. Le public visé (que l'entreprise veut toucher) est le _____.
   a. but   b. marché   c. commerce
5. Un restaurant est un commerce de _____.
   a. service   b. produits   c. marchandise
6. Le commerce extérieur _____ en dehors du pays. Il ne _____ pas à l'intérieur.
   a. vend   b. marchandise   c. s'effectue
7. Réaliser des bénéfices n'est pas toujours _____ simple.
   a. un vendeur   b. un profit   c. une tâche

Exercice 8 Match the English word in Column A with its French equivalent in Column B.

A	B
1. barter	a. le troc
2. money	b. la monnaie de papier
3. value	c. la pièce
4. paper money	d. la monnaie, l'argent
5. sum, amount	e. l'argent liquide
6. price	f. le moyen d'échange
7. coin	g. la valeur
8. banknote, bill	h. le billet de banque
9. cash	i. la somme
10. means of exchange	j. le nombre
11. value yardstick	k. une mesure de valeur
12. number	l. les biens
13. goods	m. le prix

Exercice 9 Select the appropriate word(s) to complete each statement.
1. L'échange de marchandises de valeur égale est le _____.
   a. commerce   b. troc   c. marché
2. La valeur d'une marchandise est souvent _____.
   a. son prix   b. son but   c. sa mesure
3. Aux Etats-Unis il y a des _____ de 25 cents.
   a. billets   b. pièces   c. sommes
4. Et il y a des _____ de 10 dollars.
   a. billets   b. pièces   c. sommes
5. Un billet de banque est _____.
   a. de la monnaie de papier   b. une pièce   c. un marché
6. Les billets et les pièces sont _____.
   a. de la monnaie de papier   b. de l'argent liquide   c. des biens

Exercice 10 Give the term being defined.
1. la somme qu'on doit payer pour quelque chose
2. les produits
3. une indication de valeur

4. la quantité
5. les billets de banque et les pièces
6. le total, le montant

COMPREHENSION

Exercice 1 Answer.
1. Quel est le but du commerce?
2. Quelle est la différence entre un commerce de gros et un commerce de détail?
3. Sur quoi le commerce était-il fondé?
4. Qu'est-ce que l'argent?
5. Pourquoi l'argent est-il un moyen d'échange?
6. Comment l'argent est-il divisible?
7. Pourquoi l'argent doit-il avoir une valeur plus ou moins stable?
8. La plupart des transactions s'effectuent en liquide ou par chèque?
9. Le nombre de quelles transactions est supérieur?
10. La valeur de quelles transactions est supérieure?

Exercice 2 True or false?
1. L'acheteur détermine le prix pour lequel on vendra un produit.
2. L'argent en soi a beaucoup de valeur.
3. L'argent n'a pas de valeur mais il représente une valeur.
4. On peut utiliser l'argent pour comparer la valeur de biens différents.
5. Si l'argent a une valeur assez stable, les prix ne changeront jamais.
6. Si l'argent a une valeur assez stable, les prix ne changeront pas pendant une période raisonnable.
7. Quand l'acheteur paie une somme d'argent au vendeur, une transaction commerciale s'effectue.
8. On utilise toujours l'argent liquide pour les transactions de grande valeur.
9. Le nombre des transactions en liquide est plus élevé que celui des transactions effectuées par chèque.

Exercice 3 Identify the following.
1. le but du commerce
2. le marché
3. le commerce intérieur
4. l'argent liquide

Exercice 4 Follow the directions.
Citez cinq fonctions de l'argent.

Chapitre **2**
LES SYSTEMES ECONOMIQUES

Ce siècle a vu la création de plusieurs systèmes économiques. Le capitalisme, le socialisme, le communisme et autrefois le fascisme sont des systèmes fondés sur une idéologie économique. D'un extrême à l'autre, on va du capitalisme pur, marché libre ou «laisser-faire», à une économie entièrement contrôlée dont le meilleur exemple est le communisme pur. Mais de nos jours, il n'existe plus d'économie «pure». Pratiquement toutes les économies sont mixtes; le capitalisme est quelquefois réglementé par le gouvernement, et le communisme va vers la privatisation. L'économie de Hong Kong est un exemple d'économie «laisser-faire», même si elle n'est pas non plus totalement pure. L'économie de la Chine à l'époque de Mao Tsé-Toung se rapproche de l'extrême que représente une économie contrôlée ou autoritaire. Les pays industrialisés ont essayé de résoudre la «question économique» de façon différente, mais ce sont toujours les mêmes questions qui se posent: qui contrôle les moyens de production, et qui gère et coordonne les diverses activités économiques?

Le capitalisme

Le capitalisme est un système de production fondé sur l'entreprise privée et la liberté du marché. L'activité économique est régie par un système de prix et de marchés. Les décisions sont aux mains de diverses personnes et organisations. Ces décisions servent les intérêts des individus et des organisations qui en tirent des revenus. Chacun veut obtenir le maximum possible. Les marchés représentent le mécanisme par lequel on coordonne et on communique les décisions. La concurrence dans la production des biens ou des services fait qu'il y a un grand nombre de vendeurs et d'acheteurs pour chaque produit. Ces vendeurs et ces acheteurs fonctionnent indépendamment. En théorie, le système de marché libre engendre l'efficacité, la stabilité du travail et la croissance économique. Le rôle du gouvernement dans ce système est de protéger la propriété privée et de faciliter le fonctionnement du marché libre. Mais on peut dire que l'intervention de l'Etat dans l'économie va à l'encontre du marché libre.

Les économies contrôlées

Dans une économie autoritaire ou contrôlée telles que le communisme, le socialisme ou autrefois le fachisme, le rôle du gouvernement est primordial. La propriété privée existe à peine. Toutes les ressources exploitées appartiennent au peuple, à l'Etat. La prise de décisions et la planification économique sont centralisées. Dans chaque industrie, un comité directeur détermine ce qu'on produit, en quelle quantité, par quel moyen, et comment se fera la distribution. Dans la planification, on spécifie les objectifs de production, les quantités des diverses ressources qu'on va utiliser et la main-d'œuvre dont on a besoin. Le gouvernement détermine quelle est l'activité de chaque travailleur et l'endroit où il va travailler. C'est le gouvernement qui décide si on va produire des tracteurs, des voitures ou des tanks. Comme nous l'avons vu, il n'existe aucune économie totalement autoritaire même s'il y a des pays où l'Etat exerce un contrôle dominant. Ainsi, l'Etat peut déterminer où les travailleurs vont vivre, dans quel domaine ils travailleront et comment ils seront habillés.

Les économies mixtes

S'il n'existe ni d'économie de marché libre, ni d'économie totalement autoritaire, comment décrire les économies actuelles? Elles sont toutes mixtes. Dans une économie mixte, le secteur privé aussi bien que l'Etat joue un rôle dans la prise de décisions économiques. Une économie mixte peut se rapprocher du modèle de marché autoritaire ou du modèle de marché libre, ou bien rester entre les deux. A Hong Kong, par exemple, le gouvernement n'intervient pratiquement pas dans l'économie. Il prélève toutefois des impôts destinés à financer l'éducation et autres services sociaux. Aujourd'hui l'économie de la plupart des pays de l'Europe de l'Est se rapproche à grands pas d'une économie de marché. Aux Etats-Unis, l'Etat offre à la population un grand nombre de services, dont la Sécurité Sociale. Dans une véritable économie de marché libre, l'Etat ne fournirait aucun de ces services. En général, les économies des pays communistes ont tendance à être plus autoritaires, mais avec beaucoup de variations entre elles. Dans les pays scandinaves, comme la Suède, le Danemark, la Norvège et la Finlande, les gens, traditionnellement, dépendent de l'Etat pour un grand nombre de services sociaux, et la population paie des impôts très élevés. Singapour, le Japon et les Etats-Unis se rapprochent un peu plus du modèle de marché libre.

ETUDE DES MOTS

Exercice 1   Study the following cognates that appear in this chapter.

la création	la décision	les ressources
le système	l'organisation	la planification
le capitalisme	l'intérêt	le comité
le socialisme	l'individu	la quantité
le communisme	le maximum	la distribution
le fascisme	le mécanisme	l'objectif
l'idéologie	la théorie	le secteur
l'économie	la propriété	le modèle
le gouvernement	l'intervention	la stabilité
l'activité		

économique	tolérer	faciliter
contrôlé	coordonner	déterminer
pur	fonctionner	spécifier
mixte	engendrer	financer
réglementé	protéger	transformer
autoritaire		
industrialisé		
centralisé		

Exercice 2   Match the verb in Column A with its noun form in Column B.

A	B
1. créer	a. le gouvernement
2. contrôler	b. l'organisation
3. gouverner	c. la stabilité
4. décider	d. la planification
5. organiser	e. la création
6. fonctionner	f. le fonctionnement
7. stabiliser	g. le contrôle
8. intervenir	h. la distribution
9. planifier	i. la décision
10. distribuer	j. l'intervention

Exercice 3   Indicate whether the word more appropriately describes (a) **un système économique autoritaire,** or (b) «**laisser-faire**».

1. autoritaire
2. la liberté du marché
3. la propriété privée
4. centraliser
5. l'intervention du gouvernement
6. le secteur privé
7. contrôlé
8. collectif

Exercice 4   Select the appropriate word to complete each statement.

1. Le communisme est _____.
   a. une idéologie   b. un mécanisme   c. une industrie
2. Dans un système économique autoritaire le gouvernement _____ beaucoup.
   a. bénéficie   b. distribue   c. intervient
3. Le communisme pur est l'exemple d'une économie _____.
   a. contrôlée   b. mixte   c. industrialisée
4. Le _____ du gouvernement dans une économie communiste est très important.
   a. mécanisme   b. comité   c. rôle

Exercice 5   Match the word in Column A with its definition in Column B.

A	B
1. industrialisé	a. pas mixte
2. pur	b. une personne
3. tolérer	c. rendre plus facile
4. un individu	d. qui a beaucoup d'industrie
5. une idéologie	e. l'ensemble d'opinions et d'idées
6. la quantité	f. la plus grande valeur, le plus haut degré
7. le maximum	g. accepter, permettre, supporter
8. le secteur	h. mettre en harmonie divers éléments
9. faciliter	i. le nombre
10. coordonner	j. la partie, la subdivision

Exercice 6   Match the English word in Column A with its French equivalent in Column B.

A	B
1. free enterprise	a. la liberté du marché
2. free market	b. le marché
3. private property	c. les moyens de production
4. seller	d. l'entreprise privée
5. buyer	e. gérer
6. market	f. résoudre
7. competition	g. la propriété privée
8. efficiency	h. la concurrence
9. means of production	i. le vendeur
10. economic growth	j. l'efficacité
11. labor stability	k. se rapprocher de
12. to manage	l. régir
13. to approach, approximate	m. l'acheteur
14. to resolve	n. la croissance économique
15. to govern, rule	o. la stabilité du travail
16. revenue, income	p. fournir
17. to provide	q. les revenus

Exercice 7   Match the word in Column A with its definition in Column B.

A	B
1. l'acheteur	a. l'argent qu'on reçoit ou gagne
2. la concurrence	b. celui qui achète
3. se rapprocher	c. celui qui vend
4. régir	d. la rivalité entre deux ou plusieurs entreprises
5. les revenus	e. diriger
6. gérer	f. la façon de produire quelque chose
7. la propriété privée	

8. le vendeur
9. les moyens de production
10. résoudre

g. venir plus près
h. trouver une solution
i. gouverner, administrer
j. le contraire de «la propriété collective»

Exercice 8   Match the English word in Column A with its French equivalent in Column B.

A	B
1. social services	a. les services sociaux
2. taxes	b. le peuple
3. to collect, levy, charge	c. la main-d'œuvre
4. the people	d. les impôts
5. the state	e. les biens et les services
6. against, counter	f. l'Etat
7. manpower, labor	g. appartenir
8. to belong	h. à l'encontre
9. goods and services	i. primordial
10. very important	j. prélever

Exercice 9   Complete each statement with the appropriate word(s).
1. L'éducation, la police, etc., sont des _____.
2. _____, c'est le gouvernement.
3. Elle veut être membre du comité. Elle veut _____ au comité.
4. L'intervention du gouvernement dans l'économie va _____ du système capitaliste du marché libre (de la liberté du marché).
5. L'objectif (Le but) de chaque entreprise est celui de produire des _____ ou des _____.
6. Le gouvernement (L'Etat) prélève des _____.

Exercice 10   Select the appropriate word(s) to complete each statement.
1. Aux Etats-Unis l'individu doit payer des _____ au gouvernement.
   a. intérêts   b. revenus   c. impôts
2. Le gouvernement _____ les impôts.
   a. résout   b. paie   c. prélève
3. Le capitalisme est basé sur le système économique _____.
   a. autoritaire   b. de protectionnisme   c. de la liberté du marché
4. _____ existe quand il y a un grand nombre d'entreprises qui fabriquent le même produit.
   a. L'efficacité   b. La concurrence   c. Le marché
5. Le gouvernement _____ des services sociaux.
   a. se rapproche   b. prélève   c. fournit

COMPREHENSION

Exercice 1 True or false?
1. De nos jours il existe beaucoup d'économies pures.
2. Le capitalisme est fondé sur l'entreprise privée et la liberté du marché.
3. Il existe beaucoup d'intervention de l'Etat dans un système économique capitaliste.
4. Le socialisme se rapproche plus du capitalisme que du communisme.
5. Dans une économie autoritaire ou contrôlée telle que le communisme, le rôle du gouvernement est primordial.
6. Une partie des impôts que le gouvernement prélève, même dans un système économique mixte, sont destinés à financer et fournir des services sociaux.
7. Dans une véritable économie de marché libre, l'Etat fournirait tous les services sociaux.

Exercice 2 Answer.
1. Pourquoi presque toutes les économies sont-elles mixtes?
2. Donnez un exemple d'une économie qui se rapproche de l'extrême une économie «laisser-faire».
3. Donnez un exemple d'une économie qui se rapproche de l'extrême une économie autoritaire ou contrôlée.
4. Comment l'activité économique est-elle régie dans un système capitaliste?
5. Qu'est-ce que la concurrence?
6. Quel est le rôle du gouvernement dans le système capitaliste?
7. Dans un système autoritaire, qui décide ce qu'on va produire et combien?
8. Qu'est-ce que le gouvernement décide dans un système contrôlé?
9. Quelle est la différence entre une économie autoritaire et une économie mixte?

Chapitre 3
LES ENTREPRISES COMMERCIALES

Aux Etats-Unis, quand on pense à une entreprise commerciale, on pense tout de suite à un géant comme IBM, Boeing ou General Motors. Tous les trois appartiennent à un genre d'entreprise commerciale, la corporation ou société anonyme.

Il existe trois catégories d'entreprises commerciales: les entreprises de propriété individuelle, les sociétés collectives et les sociétés anonymes. Les entreprises de propriété individuelle sont les plus nombreuses. Il y en a plus de 12 millions aux Etats-Unis. Il y a actuellement à peu près un million et demi de sociétés collectives et près de trois millions de sociétés anonymes. Le nombre des entreprises ne correspondait pas à leurs ventes. La moyenne des ventes en dollars pour chaque entreprise de propriété individuelle était de 42 000 dollars. Pour chaque société collective, elle était de 166 000 dollars. Pour chaque société anonyme, elle était de 2 104 000 dollars.

Les entreprises de propriété individuelle

Une entreprise de propriété individuelle appartient à un individu, à une seule personne. Cette personne a droit à tous les bénéfices. De la même façon, cette personne est responsable des pertes. Elle pourrait même avoir à céder éventuellement son domicile et ses biens personnels pour s'acquitter de ses dettes commerciales. On dit de cette personne qu'elle a une responsabilité illimitée.

Les sociétés collectives

Les sociétés collectives sont formées de deux associés ou plus, qui se partagent les bénéfices. Chacun des associés est responsable des pertes. Les associés ont une responsabilité illimitée, comme en aurait le propriétaire d'une entreprise individuelle. Les sociétés collectives les plus communes sont les associations d'avocats[1] et de comptables[2].

Les sociétés anonymes

La caractéristique principale des sociétés anonymes est de pouvoir acquérir des fonds par la vente d'actions et l'émission de titres et d'obligations. Une action est une unité de propriété de l'entreprise. Les actionnaires se partagent les bénéfices

---

[1]*lawyers*   [2]*accountants*

de l'entreprise. Les obligations et les titres sont des prêts faits à l'entreprise. L'entreprise est obligée de payer des intérêts pendant une période déterminée, après quoi, elle doit honorer les obligations et les titres. D'après la loi, la société anonyme est une personne juridique. En cas de perte ou de faillite, les propriétaires ne peuvent perdre que ce qu'ils ont investi individuellement dans l'entreprise. Ils ont une responsabilité limitée. Par leur vote, ce sont les actionnaires ayant la majorité des actions qui contrôlent la société anonyme.

Du fait que les actionnaires courent un risque, ils espèrent réaliser un profit. Il y a deux sortes de profits: les dividendes et les plus-values en capital. Les dividendes représentent un pourcentage du profit de l'entreprise. Ce pourcentage doit être sanctionné par le vote des directeurs. En général, les dividendes sont payés aux actionnaires quatre fois par an. Les plus-values en capital représentent le bénéfice que fait un actionnaire lorsqu'il vend ses actions à prix plus élevé qu'il ne les a achetées. La valeur d'une action augmente ou diminue en fonction de l'état général de l'entreprise, et en fonction de la perception qu'a le public de l'avenir de l'entreprise.

ETUDE DES MOTS

Exercice 1   Study the following cognates that appear in this chapter.

le géant	la majorité	obligé
la corporation	le risque	déterminé
l'individu	le dividende	sanctionné
le profit	le pourcentage	
le domicile	l'état	acquitter
la caractéristique	le futur	acquérir
les fonds		honorer
l'unité	responsable	investir
les intérêts	personnel	contrôler
la période	illimité	sanctionner
l'obligation	limité	
le vote	principal	

Exercice 2   Give the word being defined.
1. ce qui est très grand
2. une personne
3. la condition
4. les ressources monétaires
5. acheter, procurer
6. l'abri, la maison, la résidence, le logement
7. la plupart, la plus grande partie
8. la proportion d'une quantité
9. le danger, l'inconvénient
10. le contraire de «le passé»

Exercice 3   Match the verb in Column A with its noun form in Column B.

A	B
1. acquérir	a. l'investissement
2. obliger	b. le risque
3. risquer	c. le vote
4. investir	d. l'acquisition
5. voter	e. l'obligation

Exercice 4   Select the appropriate definition.

1. sanctionner
   a. s'acquitter   b. approuver   c. contrôler
2. investir
   a. payer   b. mettre des vêtements
   c. placer des fonds (capitaux) dans une entreprise
3. s'acquitter
   a. acquérir   b. faire ce qu'on doit   c. sanctionner
4. honorer
   a. remplir une obligation   b. obliger   c. adorer
5. limiter
   a. restreindre, fixer des limites   b. donner un pourcentage
   c. proportionner

Exercice 5   Match the English word or expression in Column A with its French equivalent in Column B.

A	B
1. business enterprise	a. la société anonyme
2. private ownership	b. les bénéfices
3. partnership	c. la dette
4. partner	d. l'entreprise commerciale
5. corporation	e. la propriété individuelle
6. business	f. l'associé
7. sales	g. les pertes
8. profit	h. la société collective
9. losses	i. les ventes
10. debt	j. l'affaire

Exercice 6   Match the word or expression in Column A with its equivalent in Column B.

A	B
1. le profit	a. les bénéfices
2. l'argent qu'on doit	b. la propriété individuelle
3. la corporation	c. la perte
4. d'affaires	d. la société anonyme
5. qui a un seul propriétaire	e. la dette
6. le contraire de «profit»	f. commercial

Exercice 7 Select the appropriate word(s) to complete each statement.
1. Une _____ a deux associés ou plus.
   a. société anonyme   b. société collective   c. entreprise de propriété
2. Les factures que l'entreprise doit payer sont des _____.
   a. pertes   b. ventes   c. dettes
3. Pour réaliser un profit, l'entreprise ne peut pas avoir beaucoup de

   _____.
   a. pertes   b. ventes   c. propriétaires
4. Une société collective a quelques _____.
   a. associés   b. propriétaires individuels   c. affaires
5. Un autre mot qui veut dire «profit» est _____.
   a. perte   b. vente   c. bénéfice
6. La quantité des produits ou des biens que l'entreprise vend sont les

   _____.
   a. revenus   b. ventes   c. collections

Exercice 8 Match the English word or expression in Column A with its French equivalent in Column B.

A	**B**
1. right	a. l'action
2. stock	b. réaliser un profit
3. shareholder	c. les plus-values en capital
4. issuance	d. l'émission
5. dividend	e. la faillite
6. bond	f. le droit
7. interest	g. la valeur
8. value	h. l'actionnaire
9. to realize (make) a profit	i. diminuer
10. capital gains	j. le dividende
11. failure, bankruptcy	k. partager
12. to increase, go up	l. l'intérêt
13. to decrease, go down	m. augmenter
14. to share	n. le titre, l'obligation
15. loan	o. le prêt

Exercice 9 Complete each statement with the appropriate word(s).
1. Les actionnaires ont le _____ de voter pour les directeurs du conseil d'administration d'une entreprise.
2. Les actionnaires reçoivent des _____ de l'entreprise, généralement trimestriellement.
3. Chaque _____ que l'actionnaire possède est une unité de propriété de l'entreprise qui l'a émise.
4. Le _____ ou l'_____ est un prêt fait à l'entreprise.

5. L'entreprise est obligée de payer des _____ sur les titres pendant une période déterminée.
6. Et l'entreprise doit honorer les _____ à la date d'échéance *(due date)*.
7. Si la valeur de l'action _____, l'actionnaire réalisera des plus-values en capital.
8. Mais l'actionnaire _____ toujours de perdre de l'argent si la valeur de l'action _____.
9. Si l'entreprise perd tout, il faut déclarer _____.
10. Les titres paient des _____ et les actions paient des dividendes.

COMPREHENSION

Exercice 1   Answer.
1. Quelles sont les trois catégories d'entreprises?
2. Quelles sont les plus nombreuses?
3. Quelles sont celles qui reçoivent la plupart des revenus?
4. Le propriétaire d'une entreprise de propriété individuelle a-t-il le droit à tous les bénéfices?
5. Comment et pourquoi pourrait-il perdre son domicile et tous ses biens personnels?
6. Les associés d'une société collective ont-ils une responsabilité limitée ou illimitée?
7. Comment une société anonyme peut-elle acquérir des fonds?
8. En cas de faillite d'une société anonyme, qu'est-ce que les propriétaires peuvent perdre?
9. Qui sont les propriétaires d'une société anonyme?
10. Qu'est-ce qui influence la valeur d'une action?

Exercice 2   Tell what is being described.
1. une entreprise qui appartient à un seul individu
2. une entreprise qui appartient à deux associés ou plus
3. une entreprise qui vend des actions et émet des titres pour acquérir des fonds

Exercice 3   In your own words, explain each of the following terms.
1. une responsabilité illimitée
2. une responsabilité limitée
3. une action
4. un titre ou une obligation
5. le risque que court un actionnaire
6. les dividendes

Chapitre 4
LES RESPONSABILITES SOCIALES ET MORALES DES ENTREPRISES

Toute entreprise commerciale est un système qui est composé de divers «dépositaires d'enjeux»: les propriétaires, les directeurs, les employés, les consommateurs et la société en général. Si une entreprise quelconque lèse un ou plusieurs de ces groupes de façon régulière, elle va péricliter: si les propriétaires sont mécontents, ils vendront l'entreprise et investiront leurs capitaux ailleurs; les directeurs ou employés trouveront un autre emploi et les consommateurs achèteront un autre produit. Quant à la société en général, elle se mettra en guerre contre les abus de l'entreprise: les électeurs exigeront des lois ou règlements pour limiter les pouvoirs des entreprises. Dans la plupart des sociétés, les cadres dirigeants ont à faire face à de nombreux dilemmes lorsqu'il s'agit de réaliser des bénéfices sans pour cela compromettre la qualité des produits.

Au début du siècle, les hommes d'affaires ne s'embarrassaient pas trop de principes. Leur seule et unique responsabilité était de réaliser des bénéfices coûte que coûte. Le magnat des chemins de fer américain William Vanderbilt disait très clairement: «Au diable le public![1] Je travaille pour les actionnaires.» Les industriels ou chefs d'entreprise étaient tout puissants et très souvent sans scrupules. C'était l'exploitation, non seulement des travailleurs, mais aussi des consommateurs qui n'avaient aucun recours si la marchandise qu'ils avaient achetée était défectueuse. De nos jours, la responsabilité de l'entreprise touche plusieurs domaines, mais surtout ceux des consommateurs, des travailleurs et de l'environnement.

Les consommateurs

Il y a eu, aux Etats-Unis, trois grands mouvements de consommateurs. Au début du siècle, le livre de Upton Sinclair *La Jungle* (1906) mettait à jour certains scandales dans la production de produits alimentaires[2]. Il décrivait, entre autres, comment le consommateur «peut dévorer avec son corned-beef quelques fragments d'ouvrier tombé dans les malaxeurs[3] de la conserverie[4]». Ce livre a eu une très grande influence et a donné lieu aux premières grandes réglementations gouvernementales.

---

[1]*The hell with the public!* [2]*food* [3]*mixer* [4]*cannery*

Le deuxième mouvement a eu lieu pendant et après la crise de 1929. Le troisième, dans les années 60, a été dû en partie aux pressions de Ralph Nader, à l'inflation des prix et au discours du président John F. Kennedy au Congrès en 1962 qui reconnaissait quatre droits du consommateur: le droit à la sécurité, le droit à l'information, le droit au choix, le droit à la réclamation. C'est à ce moment-là qu'est né le consumérisme.

Les travailleurs

Ces dernières 20 années, il y a eu un véritable bouleversement dans la composition de la main-d'œuvre, donc un bouleversement aussi dans les pratiques de recrutement, de rémunération et de promotion. Dans tous les pays, le problème de la discrimination s'est posé avec acuité. Aux Etats-Unis, il s'agit surtout des Américains africains, des Hispaniques, des handicappés, des personnes âgées et des femmes. La discrimination du travail est, en particulier, un cercle vicieux: les membres des minorités ethniques ou autres ont du mal à trouver du travail. En même temps, ils n'ont pas les diplômes nécessaires pour obtenir un emploi qui leur permettrait d'améliorer leurs connaissances professionnelles.

La grande controverse qui a commencé au début des années 60 et qui continue, c'est celle de «l'Affirmative Action», une politique d'intégration qui a pour but de compenser la discrimination dont ont fait l'objet les différentes minorités. D'une certaine façon, ce sont les femmes qui ont profité le plus de cette politique. Ces six dernières années, les femmes ont obtenu les deux tiers des nouveaux postes. D'autre part, jusqu'en 1980, le salaire des femmes ne représentait que 60% de celui des hommes. Il est maintenant de 70%. De plus en plus, les femmes sont cadres, 35% de nos jours, deux fois plus qu'en 1972.

Il y a néanmoins toujours certains problèmes qui restent difficiles à résoudre, comme l'équivalence[5] des emplois traditionnellement «féminins» et «masculins». Le problème du harcèlement sexuel est essentiellement un problème qui affecte les femmes, et ce dans une grande proportion—20 à 30%. Récemment ce sont les handicappés qui ont fait l'objet d'une attention toute particulière. De plus en plus, les entreprises reconnaissent qu'il y a peu d'emplois qui leur soient impossibles et que leur performance est en général supérieure à la moyenne.

L'environnement

La pollution en tous genres est le fléau de notre époque. Il y a quelques années, quand le pétrolier *Exxon Valdez* a déversé des millions de litres de pétrole sur les côtes d'Alaska, l'environnement et toute l'économie locale, en particulier la pêche[6], ont été gravement touchés.

L'air que nous respirons est pollué, le plus souvent par des émissions de gaz qui se dégagent quand les usines brûlent certaines substances chimiques ou naturelles. C'est la responsabilité des sociétés de ne pas relâcher dans l'air ces substances toxiques.

---

[5]*equal compensation*   [6]*fishing*

La pollution de l'eau n'est pas un problème uniquement américain. Dans de nombreux pays il est bien pire. Mais aux Etats-Unis, 11% des rivières et 30% des lacs sont pollués. Dans les zones industrielles, la situation est catastrophique. Les déchets industriels déversés par les usines dans les eaux avoisinantes sont pratiquement impossibles à éliminer. A cela s'ajoutent les déchets qui ont été enterrés et qui sont transportés par les courants d'eau souterrains ou qui refont surface tout simplement.

Quant à la pollution dans la terre, on en revient toujours au même problème, celui des déchets et de la façon de s'en débarrasser. Il y a aux Etats-Unis 20 000 sites qui ont été déclarés «contaminés» par le gouvernement. Pratiquement la moitié de la population habite à proximité de l'un de ces endroits.

Le problème de la pollution a engendré le mouvement écologiste. Le terme «écologie», l'équilibre entre les êtres vivants et la nature, est devenu synonyme de survie pour beaucoup d'êtres humains. Aux Etats-Unis, de nombreuses lois régissent maintenant la protection de l'environnement, mais elles ne sont pas toujours respectées.

Les entreprises ont donc de nombreuses responsabilités morales et sociales. D'une façon générale, elles les acceptent en principe, mais il n'en est pas de même en pratique.

ETUDE DES MOTS

Exercice 1   Study the following cognates that appear in this chapter.

le propriétaire	la crise	gouvernemental
le directeur	le consumérisme	ethnique
l'employé	la promotion	pollué
le consommateur	la discrimination	toxique
les abus	le handicappé	moral
l'électeur	la minorité	social
le dilemme	le diplôme	en principe
le magnat	la controverse	en pratique
le scrupule	le salaire	
l'exploitation	la performance	limiter
le recours	l'environnement	dévorer
la marchandise	la pollution	obtenir
défectueuse	l'air	permettre
le domaine	l'émission de gaz	profiter
le scandale	la zone industrielle	
la production	le site	
le mouvement	le mouvement écologiste	

Exercice 2   Give the word being defined.
1. personne qui possède l'entreprise
2. personne qui dirige l'entreprise, le chef
3. personne qui travaille pour l'entreprise
4. personne qui emploie (se sert d') un produit
5. le problème
6. personnage important de l'industrie ou de la finance
7. un fait immoral, révoltant
8. manger vite
9. une marchandise neuve qui ne marche (fonctionne) pas
10. l'exclusion de certains individus à cause de leur race, sexe, âge, etc.
11. le lieu, l'endroit
12. le débat, la contestation

Exercice 3   Match the word or expression in Column A with its equivalent in Column B.

A	B
1. la région	a. moral
2. la base, l'origine	b. limiter
3. pas la théorie, l'action	c. la zone
4. honnête, juste	d. permettre
5. laisser, donner la permission	e. le principe
6. du gouvernement	f. la pratique
7. restreindre	g. gouvernemental

Exercice 4   Complete each expression with the appropriate word(s).
1. defective merchandise   une marchandise _____
2. ecology movement   le mouvement _____
3. industrial area   une zone _____
4. gas emissions   des émissions _____
5. toxic waste   des déchets _____
6. polluted air   l'air _____

Exercice 5   Match the English word or expression in Column A with its French equivalent in Column B.

A	B
1. people who have a stake in something	a. léser
	b. péricliter
2. company	c. le pouvoir
3. to injure, wrong	d. les dépositaires d'enjeux
4. to get shaky, go under	e. coûte que coûte
5. to require, demand	f. exiger
6. law	g. le droit

7. right	h. puissant
8. regulation	i. le règlement
9. regulating, control	j. les droits du consommateur
10. pressure	k. la loi
11. power	l. la réglementation
12. powerful	m. l'actionnaire
13. at any cost	n. la pression
14. shareholder	o. l'entreprise
15. consumers' rights	

Exercice 6 Select the word being defined.

1. ce qui donne une autorité morale
   (le droit / la loi)
2. une règle qui ordonne, permet, punit
   (le droit / la loi)
3. texte qui indique (prescrit) ce qu'on doit faire
   (le règlement / la réglementation)
4. action de réglementer ou de contrôler
   (le règlement / la réglementation)
5. action de pousser avec effort
   (le pouvoir / la pression)
6. le droit ou l'autorisation de faire quelque chose
   (le pouvoir / la pression)
7. faire du tort à quelqu'un
   (péricliter / léser)
8. aller à la ruine
   (péricliter / léser)

Exercice 7 Complete each statement with the appropriate word(s).

1. Les _____ sont les propriétaires d'une _____ ou d'une entreprise.
2. Le but principal d'une entreprise est de réaliser des bénéfices pour les actionnaires. Mais cela ne lui donne pas le droit de _____ les autres «dépositaires d'enjeux».
3. Si les industriels ou les chefs d'entreprise deviennent trop _____ et ne font pas face à leurs obligations morales, il y aura sûrement des _____ gouvernementales pour limiter leurs abus.
4. Les _____ de Ralph Nader ont donné naissance à un mouvement de _____ dans les années 60.
5. Il existe quatre _____ de base pour protéger le consommateur contre les abus des entreprises. En conséquence le consommateur a des recours si la marchandise qu'il a achetée est défectueuse.

Exercice 8   Match the English word or expression in Column A with its French equivalent in Column B.

A	B
1. directors	a. les cadres dirigeants
2. managers	b. les cadres
3. business people	c. les pratiques de recrutement
4. industrialist	d. les hommes d'affaires
5. company head	e. le fléau
6. manpower, labor	f. la main-d'œuvre
7. upheaval	g. la politique
8. hiring practices	h. l'industriel
9. pay	i. le bouleversement
10. policy	j. la rémunération
11. sexual harassment	k. le chef d'entreprise
12. plague, bane	l. le harcèlement sexuel

Exercice 9   Complete each statement with the appropriate word(s).

1. La traduction de l'expression *business people,* _____ en français, est actuellement un terme sexiste aux Etats-Unis.
2. En parlant des sexes, le problème du _____ dans le lieu de travail est un problème sérieux.
3. Il y a eu de grands changements, c'est-à-dire un _____ dans les _____ pour donner du travail à plus de membres des minorités ethniques.
4. Les femmes ont profité de la politique de «l'Affirmative Action». Elles continuent à demander la même _____ que les hommes pour le même travail.
5. _____ de l'entreprise est souvent le directeur exécutif ou le président-directeur général.

Exercice 10   Give another term for each of the following items.

1. un administrateur
2. le salaire
3. un changement complet
4. l'ensemble des salariés d'une entreprise
5. l'ensemble des pratiques
6. une grande calamité publique
7. chef d'une entreprise qui transforme les matières premières en produits finis

Exercice 11   Match the English word or expression in Column A with its French equivalent in Column B.

A	B
1. factory	a. brûler
2. to resolve	b. une substance chimique

3. to improve   c. se débarrasser
4. to burn   d. l'usine
5. chemical substance   e. relâcher
6. industrial waste   f. la protection de l'environnement
7. to release   g. déverser
8. to dump, spill   h. la survie
9. to get rid of, dispose of   i. résoudre
10. environmental protection   j. les déchets industriels
11. survival   k. améliorer
12. to set loose   l. dégager

Exercice 12   Select the appropriate word(s) to complete each statement.
1. Il n'est pas toujours possible _____ le problème complètement
   (entièrement).
   a. d'améliorer   b. de résoudre   c. de relâcher
2. Pendant ce siècle on a _____ les conditions de travail dans les
   usines.
   a. amélioré   b. résolu   c. relâché
3. Il faut cesser de _____ les substances toxiques dans l'air.
   a. résoudre   b. débarrasser   c. relâcher
4. Les émissions de gaz se dégagent dans l'air et le polluent quand les usines
   _____ certaines substances chimiques.
   a. se débarrassent   b. brûlent   c. déversent
5. On _____ beaucoup de déchets industriels dans nos rivières et dans
   nos lacs.
   a. se débarrasse   b. brûle   c. déverse
6. La protection de l'environnement est essentielle pour _____ de la
   race humaine.
   a. l'amélioration   b. la résolution   c. la survie

Exercice 13   Complete the following paragraph in French.
   Les entreprises qui n'ont pas de morale sociale _____ *(burn)* des
substances chimiques, _____ *(release)* des gaz dans l'air,
_____ *(dispose)* leurs déchets et les _____ *(dump)* dans les
rivières. Enfin elles _____ *(pollute)* notre environnement.

COMPREHENSION

Exercice 1   Answer.
1. Qui sont les «dépositaires d'enjeux» d'une entreprise commerciale?
2. Que font les propriétaires s'ils sont mécontents?
3. Et les directeurs et les employés?
4. Et les consommateurs?
5. Qu'est-ce qu'il ne faut pas faire en essayant de réaliser des bénéfices au
   maximum?

6. Comment étaient les chefs d'entreprise et les industriels au début du siècle?
7. Quel livre a donné lieu aux premières grandes réglementations gouvernementales pour les droits du consommateur?
8. Qu'est-ce que le consumérisme?
9. Qu'est-ce que «l'Affirmative Action»?
10. Comment les femmes ont-elles profité de cette politique?
11. Quel est le fléau de notre époque?
12. Qu'est-ce que le mouvement écologiste?

Exercice 2   True or false?
1. Au début du siècle les hommes d'affaires faisaient tout leur possible pour protéger les droits des consommateurs et des employés.
2. De nos jours les consommateurs ont des recours s'ils achètent des marchandises défectueuses.
3. La discrimination du travail existe surtout pour les Américains africains, les Hispaniques, les handicappés, les personnes âgées, les homosexuels et les femmes.
4. Tous les problèmes des conditions de travail, des pratiques de recrutement, de rémunération, de promotion et de discrimination ont été résolus.
5. L'air que nous respirons est pollué car des entreprises sans scrupules déversent des substances chimiques dans nos lacs, nos rivières et nos océans.
6. Les entreprises n'ont aucun problème à se débarrasser des déchets industriels.
7. Heureusement, une proportion très faible de la population habite à proximité des endroits déclarés «contaminés» par le gouvernement.
8. Aux Etats-Unis de nombreuses lois existent pour régir la protection de l'environnement.

Exercice 3   Follow the directions.
Les quatre droits du consommateur en anglais sont: *the right to safety, the right to be informed, the right to choose, the right to be heard.* Donnez la version française de ces quatre droits.

Exercice 4   Follow the directions.
Donnez cinq actions qui polluent notre environnement. Employez les verbes suivants: **déverser, se débarrasser, respirer, brûler, relâcher, enterrer, dégager.**

Chapitre 5
L'ORGANISATION
DE L'ENTREPRISE

On classe en général les entreprises en trois catégories: les petites, les moyennes et les grosses entreprises. On groupe souvent les petites et les moyennes entreprises ensemble—les PME. On peut diviser les entreprises en trois groupes de base: (1) les entreprises de fabrication comme les usines, (2) les entreprises commerciales— les magasins de toutes sortes, et (3) les entreprises de service—les assurances, banques, restaurants, etc. Chaque entreprise a une organisation légèrement différente qui correspond à un produit ou un service bien déterminé. Néanmoins, on retrouve toujours le même genre de services.

La direction

Une entreprise est dirigée par un président ou, en France, un président-directeur général (le PDG) qui est à la tête d'un conseil d'administration. Faisant aussi partie de la direction générale, il y a le secrétariat qui s'occupe de rédiger toutes les notes de service ou les notes externes, et le contentieux qui s'occupe de tous les problèmes légaux.

La comptabilité et les finances

C'est le service de la Comptabilité qui établit les comptes, fait le bilan. La Facturation, comme son nom l'indique, s'occupe des factures. Le service de Paye s'occupe de payer les employés. Le Budget prévoit l'ensemble des activités financières de l'entreprise.

Les services commerciaux

Le service Achats achète les marchandises nécessaires pour satisfaire la demande et donc faire en sorte que les stocks soient constamment réapprovisionnés. Le service des Stocks est évidemment lié au service Achats.

Le service Publicité est souvent lié au service Ventes, qui se charge de vendre les produits de l'entreprise. Le service Après-Vente n'est pas à négliger, car c'est lui qui garantit la satisfaction du consommateur, donc la fidélité du client au produit de l'entreprise.

Le service des Relations Publiques non seulement entretient de bonnes relations avec le public, mais se charge aussi de faire connaître le produit par la voie de la publicité gratuite, communiqués de presse, par exemple.

Le service d'Etudes de Marché et celui des Statistiques font souvent partie du Marketing. Le Marketing s'occupe non seulement du lancement du produit (ou service) et des techniques de vente qui lui sont les plus appropriées, mais aussi de la vie même du produit. Il surveille le cycle de vie du produit et révise ses stratégies de marketing à chaque phase différente.

Les services techniques

Le service de Fabrication fabrique le produit. Le bureau d'Etudes est responsable des recherches concernant l'amélioration d'un produit existant ou la création d'un nouveau produit.

Les services sociaux

Le service du Personnel recrute les employés. Il tient aussi un dossier sur chaque employé: son salaire, ses augmentations, ses promotions. Les Services Sociaux veillent à la santé des employés et à l'état des conditions de travail.

ETUDE DES MOTS

Exercice 1   Study the following cognates that appear in this chapter.

l'organisation	la sorte	existant
les groupes de base	le président	approprié
le produit	l'établissement	
le service	la demande	classer
la presse	les stocks	diviser
la phase	la satisfaction	établir
le produit existant	la fidélité	payer
la création	la statistique	garantir
le salaire	la technique	
la banque	la condition	

Exercice 2   Give the word being defined.
1. l'argent qu'on gagne, qu'on reçoit pour son travail
2. un bien comme, par exemple, une auto, une caméra
3. les journaux, les magazines
4. l'inventaire qui reste
5. correct, juste, convenable
6. faire la division, séparer en groupes
7. assurer, certifier
8. l'état d'une chose
9. l'exigence, le besoin
10. le type
11. mettre (ranger) dans des catégories
12. le chef, la personne responsable
13. un produit qui existe
14. fonder, fixer, instituer

Exercice 3   Match the English word or expression in Column A with its French equivalent in Column B.

A	**B**
1. concern, firm	a. l'entreprise de fabrication
2. manufacturing concern	b. le conseil d'administration
3. business (sales, merchandising concern)	c. la direction, la gestion
	d. l'entreprise
4. service enterprise (company)	e. la direction générale
5. management	f. l'entreprise de service
6. chief executive officer	g. le président-directeur général
7. Board of Directors	h. l'entreprise commerciale
8. top management	

Exercice 4   Select the appropriate word(s) to complete each statement.

1. Ford est une _____.
   a. petite entreprise   b. grosse entreprise   c. moyenne entreprise
2. Une société anonyme est _____.
   a. une usine   b. une entreprise   c. un commerce international
3. Un magasin est une entreprise _____.
   a. de fabrication   b. de service   c. commerciale
4. Une société d'assurances est une entreprise _____.
   a. de fabrication   b. de service   c. commerciale
5. Un restaurant est une entreprise _____.
   a. de fabrication   b. de service   c. commerciale
6. Renault et Peugeot sont des entreprises _____.
   a. de fabrication   b. de service   c. commerciales
7. Le *CEO* aux Etats-Unis, c'est le _____ en France.
   a. gestionnaire exécutif   b. président-directeur général (le PDG)
   c. conseil d'administration
8. La direction générale comprend les _____.
   a. chefs (dirigeants)   b. cadres moyens   c. directeurs du marketing

Exercice 5   Select the appropriate word(s) to complete each statement.

1. Une entreprise commerciale (fabrique / vend) quelque chose.
2. Une entreprise de service (satisfait un besoin humain / vend quelque chose).
3. La gestion c'est (le service / la direction).
4. (Le président-directeur général / L'employé) dirige l'entreprise.

Exercice 6   Match the English word or expression in Column A with its French equivalent in Column B.

A	**B**
1. accounting department	a. le service de la Comptabilité
2. account	b. la facture

3. balance sheet   c. le bilan
4. billing   d. le compte
5. bill   e. la facturation
6. statement   f. l'état

Exercice 7   Match the English word or expression in Column A with its French equivalent in Column B.

A	B
1. Payroll Department	a. le service Après-Vente
2. Purchasing Department	b. le service de Paye
3. Sales Department	c. le service de Publicité
4. Shipping Department	d. le service de Fabrication
5. Customer Service Department	e. le service Ventes
6. Public Relations Department	f. le service du Personnel
7. Advertising Department	g. le service des Relations Publiques
8. Market Research Department	h. le service d'Etudes de Marché
9. Manufacturing (Production) Department	i. le service Achats
	j. le service Expédition
10. Personnel Department	

Exercice 8   Complete each statement with the appropriate word(s).
1. _____ s'effectue le premier du mois.
2. On envoit une _____ à chaque client qui doit de l'argent.
3. Le service de la _____ se charge (s'occupe) de la facturation.
4. Le service de la Comptabilité établit les _____ de pertes et profits, les _____ des opérations, etc.
5. Le _____ est le tableau qui représente l'actif *(assets)* et le passif *(liabilities)* d'une entreprise à une date déterminée.

Exercice 9   Tell which department is being discussed.
1. On va payer les salaires des employés.
2. On va discuter son dossier personnel.
3. On va choisir les média pour une grande campagne publicitaire pour le lancement d'un nouveau produit.
4. On va préparer un communiqué de presse pour expliquer l'accident qui a eu lieu dans une de nos usines.
5. Un client veut savoir jusqu'à quelle date la garantie est valable.
6. On va décider le moyen de transport le plus approprié.
7. On achète tous les matériaux nécessaires pour la fabrication du produit.
8. On va essayer de déterminer les exigences (besoins) du public (marché) à l'avenir.

Exercice 10 Match the English word or expression in Column A with its French equivalent in Column B.

A	**B**
1. store	a. réapprovisionner
2. factory	b. le marketing
3. insurance	c. l'augmentation
4. to direct	d. le magasin
5. to replenish	e. le cycle de vie du produit
6. to take charge of	f. les conditions de travail
7. marketing	g. l'usine
8. sales techniques	h. les recherches
9. product life cycle	i. les assurances
10. research	j. se charger de
11. pay increase	k. diriger
12. work conditions	l. les techniques de vente

Exercice 11 Give the term being described.
1. ce que le vendeur doit employer pour convaincre (pousser) le client à acheter quelque chose
2. un établissement où l'on fabrique des machines, des autos, etc.
3. les différentes étapes pendant lesquelles un produit reste sur le marché
4. les études qui indiquent des tendances futures
5. plus de salaire
6. s'occuper de
7. restocker, stocker de nouveau
8. commander, exercer une autorité sur quelqu'un ou quelque chose
9. l'établissement où l'on vend des marchandises
10. l'ambiance du bureau, de l'usine, etc., où l'on travaille

COMPREHENSION

Exercice 1 Complete the following items.
1. On classe les entreprises en trois catégories:
    a. _____
    b. _____
    c. _____
2. On peut diviser les entreprises en trois groupes de base:
    a. _____
    b. _____
    c. _____

3. Trois exemples d'entreprises de service sont:

    a. _____

    b. _____

    c. _____

4. Trois exemples d'entreprises de fabrication sont:

    a. _____

    b. _____

    c. _____

5. Les fonctions du service de la Comptabilité sont:

    a. _____

    b. _____

    c. _____

6. Les fonctions du service du Personnel sont:

    a. _____

    b. _____

    c. _____

Exercice 2   Answer.

1. Qui dirige une entreprise?
2. Comment le *CEO* s'appelle-t-il en France?
3. Comment dit-on *Board of Directors* en français?
4. Le secrétariat existe-t-il dans la plupart des grosses entreprises des Etats-Unis?
5. Quel service achète les marchandises ou les matériaux nécessaires pour le fonctionnement de l'entreprise?
6. Quel est l'objectif du service des Relations Publiques?
7. Qui s'occupe du lancement d'un nouveau produit ou du développement des techniques de vente appropriées?

Chapitre 6
LA GESTION DE
L'ENTREPRISE

Pour qu'une entreprise soit bien gérée, il faut que la chaîne hiérarchique soit claire, mais il faut surtout que le principe d'équivalence de l'autorité et de la responsabilité soit respecté: chaque gestionnaire doit avoir l'autorité nécessaire pour assumer ses responsabilités. Le gestionnaire exerce un pouvoir sur ses subordonnés, mais ce pouvoir a des limites; même le président d'une grosse entreprise doit rendre des comptes au conseil d'administration.

Autorité de commande

Il y a deux sortes d'autorité: l'autorité hiérarchique qui est celle par laquelle un supérieur délègue son autorité à son subordonné, qui, à son tour, en délègue une partie à son subordonné à lui, et ainsi de suite. Ce genre d'autorité s'appelle aussi autorité «line» ou autorité de commande. L'organigramme qui suit illustre les relations d'autorité de commande.

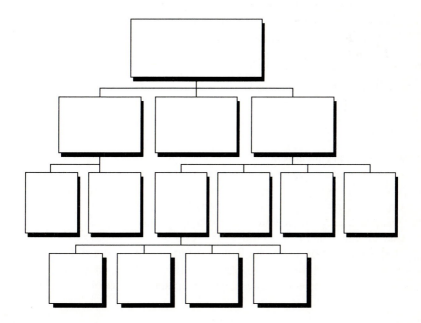

Autorité de conseil

La deuxième sorte d'autorité est l'autorité de conseil, aussi appelée autorité d'état-major ou «staff». Les gestionnaires qui ont une autorité de conseil sont là pour aider et conseiller les gestionnaires qui ont une autorité de commande. L'organigramme qui suit illustre les relations d'autorité de conseil et d'autorité de commande.

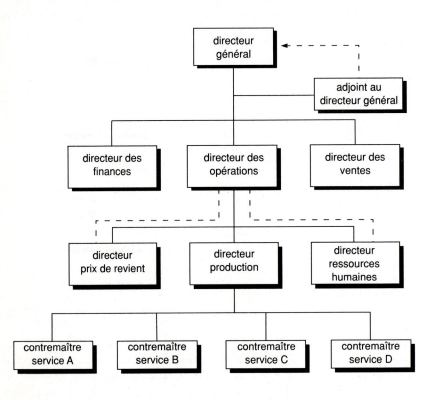

Structure de l'organisation

Il faut ensuite décider comment on va répartir les tâches. Il y a plusieurs façons de le faire. On peut organiser la structure par fonctions: avoir un gestionnaire responsable du marketing, un autre responsable des finances, un autre responsable des relations humaines, un autre enfin de la production. Tous ces gestionnaires ont comme supérieur hiérarchique direct le président de l'entreprise. Cette structure est à utiliser pour les entreprises qui suivent un champ d'action stable. Cette méthode facilite l'interaction de spécialistes dans un même domaine. L'inconvénient majeur est le manque de coopération entre les divers services.

On peut aussi organiser l'entreprise par produits: un gestionnaire pour les produits plastiques, un autre pour les produits caoutchouc[1], etc. Les responsabilités sont plus clairement définies par cette méthode, mais l'interaction entre spécialistes d'un même domaine est beaucoup moins fréquente.

Une autre façon est d'avoir une structure par régions géographiques: Le Nord-Est, le Sud, etc. C'est le type de structure qui convient le mieux aux entreprises de services. On peut également organiser la structure en fonction des différents types de clientèle: ventes au détail et ventes aux établissements. La structure en fonction des heures de travail est surtout utilisée dans les usines où des équipes se relaient, ce qui permet à l'usine de fonctionner 24 heures sur 24. Il y a aussi la méthode de Direction par les Objectifs (la DPO), introduite dans les années 50.

La prise de décision

Mais on en revient toujours au problème de la prise de décision par un gestionnaire. Il ne suffit pas simplement d'avoir le pouvoir et l'autorité. Le gestionnaire doit passer par certains stades avant de prendre, et même après avoir pris une décision. Il lui faut progresser de la façon suivante.
- Isoler les symptômes qui font penser qu'il y a un problème.
- Analyser ces symptômes.
- Isoler le problème. C'est là une des tâches les plus difficiles du gestionnaire. En effet, il arrive souvent qu'il confonde symptômes et problèmes.
- Déterminer les facteurs qui limitent la solution idéale.
- Chercher des solutions de rechange et les analyser avec précision.
- Prendre une décision.
- Communiquer avec efficacité cette décision, c'est-à-dire pouvoir la «vendre» aux autres gestionnaires.
- Contrôler le résultat de cette décision, c'est-à-dire la mise en application de la solution choisie.

Donc, être un bon gestionnaire implique non seulement la compétence technique, l'esprit d'organisation et la facilité de communiquer. On peut ajouter l'esprit d'initiative. Mais on ne pense pas toujours au temps. La gestion du temps est en fait la gestion des activités accomplies pendant un certain temps. C'est encore, mais cette fois-ci d'une façon personnelle, une question d'organisation, de planification, de concentration. Ce sont des décisions multiples que le gestionnaire doit prendre dans les quatre domaines de base qui sont sa responsabilité: la planification, l'organisation, la direction et le contrôle.

De nombreux auteurs s'accordent à dire que la société industrielle américaine est en train de devenir une société d'information et que cela va grandement affecter l'organisation des entreprises. On prévoit une entreprise plus «humaine» prêtant plus attention au bien-être[2] et confort aussi bien physique que mental de ses employés.

---

[1]*rubber*   [2]*welfare*

ETUDE DES MOTS _____

Exercice 1   Study the following cognates that appear in this chapter.

la chaîne hiérarchique	le symptôme	déléguer
la chaîne administrative	le problème	faciliter
l'équivalence de l'autorité	le facteur	progresser
et de la responsabilité	la solution	isoler
le subordonné	le résultat	analyser
la limite	la compétence	déterminer
la sorte	la décision	limiter
le supérieur		communiquer
le spécialiste	clair	contrôler
l'inconvénient	idéal	impliquer

Exercice 2   Give the word being defined.
1. le classement des fonctions selon un rapport de subordination et d'importance respective
2. l'aptitude, la capacité
3. un signe, une indication
4. la réponse à un problème
5. un désavantage
6. le type, le genre
7. ce qui résulte, un succès ou un échec, un profit ou une perte
8. un élément, un principe

Exercice 3   Match the word in Column A with its definition in Column B.

A	**B**
1. déléguer	a. transmettre, informer
2. communiquer	b. avancer, se développer
3. isoler	c. confier une responsabilité à quelqu'un d'autre
4. faciliter	
5. progresser	d. administrer, diriger
6. limiter	e. indiquer, fixer, préciser
7. contrôler	f. rendre plus facile
8. déterminer	g. restreindre, imposer des limites
9. analyser	h. séparer, considérer à part
	i. faire une étude détaillée

Exercice 4   Give the French equivalent of each of the following terms.
1. delegate authority
2. delegate authority to a subordinate
3. determine the symptoms
4. isolate the problem

5. analyze all the factors
6. look for a solution
7. make a decision
8. control the results

Exercice 5   Match the English word or expression in Column A with its French equivalent in Column B.

A	B
1. to manage	a. l'autorité
2. manager	b. l'organisation
3. management	c. le pouvoir
4. authority	d. gérer, diriger
5. responsibility	e. l'autorité de commande
6. power	f. la planification
7. line organization	g. le gestionnaire, le directeur
8. staff organization	h. la gestion, la direction
9. planning	i. le contrôle
10. organizing	j. la direction
11. managing	k. l'autorité de conseil
12. controlling	l. la responsabilité

Exercice 6   Complete each statement with the appropriate word(s).
1. Le gestionnaire doit avoir _____ et _____ pour assurer ses responsabilités.
2. Quatre responsabilités du gestionnaire sont _____, _____, _____ et _____.
3. Les gestionnaires sont responsables de la _____ de l'entreprise.
4. L'entreprise est _____ par les _____.

Exercice 7   Give a synonym of each of the following.
1. le gestionnaire
2. la gestion
3. gérer

Exercice 8   Match the English word in Column A with its French equivalent in Column B.

A	B
1. to be accountable to	a. la mise en application
2. to advise	b. rendre des comptes à
3. decision making	c. les solutions de rechange
4. alternate solutions	d. conseiller
5. task, job	e. la prise de décision
6. implementing	f. la tâche

Exercice 9   Complete each statement with the appropriate word(s).
1. Il faut avoir plus d'une solution. Il faut avoir _____.
2. Je vous _____ de ne pas le faire. Ce n'est pas une bonne idée. Je t'assure que les résultats seront désastreux.
3. _____ est une tâche primordiale d'un gestionnaire.
4. Même le président-directeur général de l'entreprise doit _____ au conseil d'administration.
5. _____ de la solution est aussi importante que la solution même.

Exercice 10   Match the English word or expression in Column A with its French equivalent in Column B.

A	B
1. departmentalization by function	a. la structure par régions géographiques
2. departmentalization by product	
3. departmentalization by territory	b. la compétence technique
4. departmentalization by customer/client	c. la facilité de communication
	d. la structure par fonctions
5. management by objectives	e. l'esprit d'initiative
6. technical know-how, technical skills	f. la direction par les objectifs
	g. l'esprit d'organisation
7. organizational ability	h. la structure par produits
8. communication skills	i. la gestion du temps
9. initiative	j. la structure en fonction des différents types de clientèle
10. managing time, time management	

Exercice 11   Give the term being defined.
1. On établit (détermine) les objectifs (buts) et l'on dirige la façon de réaliser ces objectifs.
2. On divise (organise) l'entreprise d'après les services essentiels comme la comptabilité, le marketing, etc.
3. On organise (divise) l'entreprise d'après les différents types de clients comme, par exemple, les grossistes, les détaillants, etc.
4. On organise l'entreprise d'après les différents (divers) types de produits comme, par exemple, les parfums, le maquillage, etc.
5. Le contrôle de temps
6. Avoir la capacité de commencer quelque chose; être toujours le premier
7. Pouvoir faire des connaissances facilement et parler avec des gens sans problème
8. Avoir la formation professionnelle nécessaire pour faire une tâche spécialisée

COMPREHENSION

Exercice 1   True or false?

1. Le pouvoir que le gestionnaire exerce sur ses subordonnés n'a pas de limite.
2. Pour bien gérer une entreprise, il est nécessaire que chaque gestionnaire ait l'autorité pour assumer ses responsabilités.
3. La chaîne hiérarchique administrative n'existe pas dans une entreprise dont la structure est organisée par fonctions.
4. La coopération entre les divers services d'une entreprise dont la structure est organisée par fonctions est toujours excellente.
5. Les responsabilités d'un gestionnaire dans une entreprise organisée par produits sont plus clairement définies que dans une entreprise organisée par fonctions.

Exercice 2   Answer.

1. Un supérieur délègue son autorité à son subordonné qui délègue une partie de cette autorité à un autre subordonné. Ce genre d'autorité s'appelle «line» ou «staff»?
2. La structure par régions géographiques convient le mieux aux entreprises commerciales de fabrication ou de services?
3. Quelle est la responsabilité (tâche) primordiale d'un gestionnaire?
4. Quelles sont les caractéristiques personnelles que doit posséder un bon gestionnaire?
5. Quelles sont les quatre domaines de responsabilité d'un gestionnaire?
6. Qu'est-ce qu'on prévoit pour les entreprises américaines?

Exercice 3   Name the type of organization being described.

1. Dans cette maison d'édition il y a une section manuels scolaires, une autre romans, encyclopédies, magazines, etc.
2. Il y a un gestionnaire pour chaque type de produit que l'entreprise fabrique.
3. Il y a un gestionnaire pour le service qui s'occupe des grossistes, un autre pour les détaillants, les ventes à domicile, les ventes par catalogue, etc.
4. Il y a un gestionnaire pour chaque région du pays.
5. Il y a un gestionnaire pour l'équipe de jour et un autre pour l'équipe de nuit.

Exercice 4   In your own words, explain each of the following terms.

1. l'autorité de commande
2. l'autorité de conseil

Exercice 5   Follow the directions.

Expliquez les avantages et les inconvénients de chacune des structures de l'exercice 4.

Chapitre 7

LES SYNDICATS AUX ETATS-UNIS

Dans le système américain, il y a une nette différence entre les intérêts des employés et ceux des employeurs. D'un côté, les propriétaires ou les directeurs d'entreprises ont le droit d'utiliser leurs ressources comme ils l'entendent, de l'autre côté, les employés veulent un emploi sûr, des conditions de travail convenables et une rémunération en rapport avec les services qu'ils rendent à l'entreprise. Mais quand l'économie ralentit[1], la concurrence[2] augmente et des conflits entre patrons et travailleurs apparaissent.

En adhérant à un syndicat, les employés ont plus de force pour négocier avec le patronat: on peut se passer d'un seul employé, mais il est plus difficile de renvoyer tout un groupe.

L'histoire des syndicats

En 1792, un groupe de cordonniers[3] se réunit à Philadelphie pour parler de leur métier. Sans le savoir, ils créent le premier syndicat en Amérique. Dans les 10 ans qui suivent, d'autres syndicats se forment. Ce sont des syndicats par métiers. En 1869, plusieurs syndicats locaux fusionnent[4] et prennent le nom de Chevaliers du Travail *(Knights of Labor)*. En 1890, le contrôle du mouvement syndical passe à la Fédération Américaine du Travail—FAT *(American Federation of Labor—AFL)*. Pendant les années 30, les syndicats sont en pleine expansion, surtout en ce qui concerne les ouvriers non-qualifiés. Un comité d'organisation industriel s'est formé au sein[5] de la FAT. Il veut faire de cette dernière un syndicat industriel, c'est-à-dire, un syndicat qui réunit tous les ouvriers qualifiés ou non, dans une industrie donnée. Ce comité organise les industries de l'automobile et de l'acier. Mais en 1938, le comité doit quitter la FAT qui n'aime pas l'idée d'un syndicat industriel. Ce comité forme son propre syndicat et prend le nom de Congrès des Organisations Industrielles—COI *(Congress of Industrial Organizations—CIO)*. Pendant la deuxième guerre mondiale, le plein-emploi sert encore la cause des syndicats. Néanmoins, après la guerre, une série de grèves importantes causent le passage de lois limitant certaines tactiques des syndicats, notamment celle qui consistait à exiger que seuls les membres du syndicat puissent obtenir un emploi. En 1955, la FAT et le COI fusionnent pour former un syndicat unique de 16 millions d'adhérents! Dans les années 50, des scandales de corruption viennent

---

[1] *slows down* [2] *competition* [3] *shoemakers* [4] *merge* [5] *under the umbrella*

ternir l'image des syndicats. Toutefois, jusqu'à la fin des années 70, le mouvement syndical conserve toute sa puissance.

De nos jours, les syndicats ont perdu beaucoup de leur élan. Si l'on exclut les agriculteurs, ils ne représentent que 17% des travailleurs. Ils en représentaient 40% en 1955.

En effet, l'industrie américaine a bien changé en 20 ans. La concurrence de sociétés étrangères a fortement marqué l'industrie automobile, par exemple. De plus, la part de l'industrie lourde dans l'économie a diminué et c'était là que les syndicats recrutaient une grande partie de leurs adhérents. Les employés, dont le nombre augmente constamment, sont plus difficiles à recruter que les ouvriers. De plus, le patronat lutte avec beaucoup de vigueur contre les syndicats.

Les relations entre les patronats et les syndicats

A la base des relations entre les patronats et les syndicats sont les conventions collectives. Ce sont des accords signés par les employeurs et les syndicats de salariés qui règlent les différents aspects des conditions de travail pour une période de temps déterminée. Ces accords font l'objet de négociations délicates où chacun des partis veut obtenir le plus possible de l'autre. Mais aucun des deux ne veut une grève. De plus, de nos jours—une période de crise économique—ce ne sont plus tellement les augmentations de salaires qui sont à l'ordre du jour; c'est plutôt la protection de l'emploi. Certains syndicats vont même jusqu'à accepter une réduction des salaires en échange de garanties d'emploi.

Si les négociations n'aboutissent[6] pas, les syndicats aussi bien que les employeurs ont leurs moyens de pression. L'arme la plus importante des syndicats est la grève, c'est-à-dire un arrêt du travail. Les grévistes forment un cordon de piquets devant le lieu de travail pour essayer de dissuader les autres employés d'aller travailler. Pendant la durée de la grève, les travailleurs ne reçoivent pas de salaire. C'est le syndicat qui les paie en utilisant les fonds de la caisse de grève.

Les syndicats ont d'autres moyens—légaux et illégaux—de pression. Ils peuvent faire une grève perlée, c'est-à-dire une grève qui interrompt l'activité habituelle de l'entreprise par un ralentissement de travail. Le boycottage est un autre moyen: on se met d'accord de ne pas acheter tel ou tel produit fabriqué ou vendu par l'entreprise. Un dernier moyen c'est le sabotage. C'est évidemment un moyen illégal, mais qui est utilisé de temps en temps pour obtenir un meilleur contrat.

En cas de conflit, les employeurs disposent de plusieurs armes. Ils peuvent fermer les usines ou les bureaux et empêcher ainsi les employés de travailler. C'est le lock-out. Pendant une grève les patrons peuvent remplacer les grévistes par des brise-grève. En 1987, les joueurs de football américain ont fait grève, mais les propriétaires des équipes ont immédiatement engagé 1 600 nouveaux joueurs, et un mois après, les grévistes abandonnaient.

Un autre moyen de faire face à une grève est de remplacer les grévistes par des cadres. On peut aussi obtenir une injonction, c'est-à-dire un ordre donné par un juge

---

[6]*succeed*

de faire ou de ne pas faire quelque chose. Une injonction n'est légale que dans certains cas, en particulier si la grève porte atteinte à l'intérêt national.

De nos jours les employeurs ont créé des associations patronales pour se protéger contre les activités des syndicats. Ils essaient aussi de faire passer des lois limitant les droits et les activités des syndicats.

Patrons et syndicats peuvent donc se mener une guerre assez longue. Ils peuvent aussi, une fois que tout a échoué[7], décider de recourir à un arbitrage, un tiers parti qui décidera de l'issue du conflit. Malheureusement, il arrive aussi que les sociétés décident soit de fermer leurs portes parce que les affaires marchent mal, ou bien de plier bagages et d'aller s'installer ailleurs, là où la main-d'œuvre est moins chère. Ces décisions sont en général prises sans avertir les employés qui se retrouvent pratiquement du jour au lendemain au chômage. En 1989, une nouvelle loi a été passée, obligeant une société à donner 60 jours de préavis en cas de fermeture. De nombreux syndicats considèrent que cette période est trop courte et ne permet pas aux travailleurs de retrouver un emploi, surtout lorsque toute l'économie d'une ville ou d'une région dépend d'une grosse entreprise.

A présent, les syndicats adoptent de nouvelles stratégies, plus adaptées à l'économie actuelle. Par exemple, ils essaient de recruter d'autres genres de travailleurs, par exemple des femmes, en mettant l'accent des revendications sur les primes de maternité ou la création de crèches. Certains syndicats utilisent leur caisse de retraite[8] pour financer des projets qui utilisent leurs adhérents. Ils organisent des programmes de formation professionnelle ou de recyclage[9]. Ils mettent gratuitement à la disposition de leurs adhérents les services d'avocats ou leur procurent des cartes de crédit avec des taux d'intérêt[10] relativement bas. Autant de façons de recruter de nouveaux membres… et de garder les anciens.

---

[7]failed   [8]retirement fund   [9]retraining   [10]interest rates

ETUDE DES MOTS

Exercice 1   Study the following cognates that appear in this chapter.

le passage	le lock-out	industriel
la tactique	le remplacement	illégal
le scandale	l'injonction	légal
la corruption	l'arbitrage	
l'image	le système	causer
le mouvement	les intérêts	conserver
l'accord	l'employé	exclure
la négociation	l'employeur	diminuer
le parti	le propriétaire	recruter
le conflit	le directeur	signer
les fonds		dissuader
le sabotage		remplacer
le boycottage		utiliser

Exercice 2 Match the word in Column A with its definition in Column B.

A	B
1. le boycottage	a. celui qui a un emploi (du travail)
2. le scandale	b. celui qui donne (offre) un emploi
3. le contrat	c. la perception, la représentation
4. l'employé	d. un fait immoral, révoltant; une affaire malhonnête
5. le parti	
6. recruter	e. une opposition d'intérêts entre deux ou plusieurs individus ou groupes
7. le conflit	
8. l'employeur	f. une convention entre deux ou plusieurs personnes
9. la tactique	
10. l'image	g. l'ensemble des moyens employés pour réussir ou arriver (parvenir) à un but (résultat)
11. un accord	
12. causer	
13. l'injonction	h. une convention, un arrangement
	i. l'individu, la personne
	j. être la cause
	k. rechercher des candidats pour un emploi
	l. la cessation absolue (complète) de toutes relations avec un individu ou entreprise
	m. ordre formel d'obéir à un ordre

Exercice 3 Match the word in Column A with its opposite in Column B.

A	B
1. agricole	a. exclure
2. détruire, démolir	b. l'employé
3. inclure	c. diminuer
4. augmenter	d. industriel
5. persuader	e. dissuader
6. légal	f. propriétaire
7. le patron	g. conserver
8. le locataire	h. illégal

Exercice 4 Match the English word or expression in Column A with its French equivalent in Column B.

A	B
1. boss	a. l'ouvrier non-qualifié
2. worker	b. le syndicat
3. laborer	c. l'employeur
4. unskilled laborer	d. au chômage
5. management	e. le patron
6. union	f. le plein-emploi

7. trade unions	g. les syndicats par métiers
8. wage earner	h. le travailleur
9. employer	i. le patronat
10. manpower, labor	j. le chômage
11. full employment	k. l'ouvrier
12. unemployment	l. la main-d'œuvre
13. out of work	m. le salarié

Exercice 5   Complete each statement with the appropriate word(s).

1. Le pauvre! Il n'a pas de travail. Il est _____.
2. Malheureusement il n'a aucune formation professionnelle. C'est un ouvrier _____.
3. _____ travaille dans une usine.
4. Voilà le _____. On doit faire ce qu'il dit. Il a beaucoup d'autorité.
5. Le patron dirige les _____.
6. Tout le monde est content d'avoir du travail, c'est-à-dire pendant une période d'_____.
7. _____ offre l'emploi et l'employé l'accepte.
8. Il y a _____ quand les gens qui veulent travailler ne trouvent pas de travail.
9. _____ luttent pour les droits des travailleurs.
10. Beaucoup de syndicats s'organisent par _____; c'est-à-dire par le genre de travail des adhérents.
11. Une entreprise de fabrication a besoin de machines (d'équipement), de matériaux et de _____.
12. Le _____ reçoit une somme d'argent déterminée par semaine ou par mois pour le travail qu'il fait (les services qu'il rend).

Exercice 6   Match the word or expression in Column A with its equivalent in Column B.

A	B
1. l'ouvrier	a. au chômage
2. sans qualification	b. le patronat
3. sans travail	c. le travailleur
4. le travail de l'ouvrier dans la fabrication d'un produit (bien)	d. le syndicat
5. l'ensemble des employeurs	e. non-qualifié
6. le genre de travail d'un individu	f. le métier
7. organisation dont le but (l'objectif) est l'amélioration des conditions de travail des employés	g. la main-d'œuvre

Exercice 7 Match the English word or expression in Column A with its French equivalent in Column B.

A	B
1. union	a. le piquet
2. closing	b. s'installer de nouveau
3. strike	c. le gréviste
4. striker	d. la fermeture
5. picket	e. le syndicat
6. picket line	f. le brise-grève
7. work stoppage	g. le cordon de piquets
8. work slowdown	h. l'arrêt de travail
9. sit-down strike	i. la grève perlée
10. strike breaker	j. plier bagages
11. to pick up shop, pull up stakes	k. la grève
12. to set up again	l. un ralentissement de travail

Exercice 8 Put the following sentences in logical order.
1. L'entreprise a annoncé la fermeture.
2. Le syndicat a déclaré une grève.
3. On a plié bagages.
4. Les négociations entre le syndicat et le patronat n'ont pas abouti. Elles ont échoué.
5. L'entreprise s'est installée de nouveau dans une autre ville.
6. Les adhérents du syndicat ont formé un cordon de piquets.

Exercice 9 Select the appropriate word(s) to complete each statement.
1. La grève est un _____.
   a. ralentissement de travail   b. fermeture   c. arrêt de travail
2. Pendant une grève, _____ paie les employés.
   a. l'employeur   b. le syndicat   c. le gréviste
3. Pendant une grève, les _____ forment un cordon de piquets.
   a. patrons   b. chômeurs   c. grévistes
4. _____ interrompt l'activité habituelle de l'entreprise.
   a. Le syndicat   b. Le ralentissement de travail
   c. La convention collective
5. La convention est _____.
   a. un accord ou contract   b. un syndicat   c. une fermeture

Exercice 10 Match the English word or expression in Column A with its French equivalent in Column B.

A	B
1. job security	a. la rémunération
2. guaranteed employment	b. la protection de l'emploi

3. favorable working conditions   c. l'augmentation (de salaire)
4. pay   d. les moyens de pression
5. pay raise, salary increase   e. l'issue
6. to perform a service   f. l'emploi sûr
7. to negotiate   g. rendre des services
8. bargaining points   h. les conditions de travail convenables
9. outcome   i. échouer
10. to fail   j. négocier
11. third party   k. le tiers parti

Exercice 11   True or false?
1. De temps en temps l'emploi sûr est plus important qu'une augmentation de salaire.
2. Si l'issue des négociations n'est pas favorable, il existe toujours la possibilité d'une grève.
3. La plupart des usines pendant la révolution industrielle avaient des conditions de travail convenables pour les ouvriers.
4. C'est à cause des conditions de travail convenables que les ouvriers se sont organisés en syndicats.
5. Un tiers parti peut être souvent plus objectif que les deux rivaux dans un conflit.

Exercice 12   Give the word or expression being defined.
1. les techniques qu'on peut utiliser (employer) pour convaincre quelqu'un qu'il doit faire ce que vous voulez ou réagir comme vous voulez
2. le contraire de «réussir»; ne pas pouvoir atteindre le but (l'objectif) visé
3. discuter pour arriver à une conclusion
4. la solution, la conclusion d'une affaire
5. le salaire, l'argent qu'on reçoit pour les services rendus pendant une période déterminée
6. aucun souci ou possibilité de perdre son emploi, d'être mis à la porte, licencié

Exercice 13   Match the English word or expression in Column A with its French equivalent in Column B.

A	B
1. middle manager	a. l'industrie légère
2. professional training	b. la loi
3. law	c. le préavis
4. heavy industry	d. le cadre moyen
5. light industry	e. la durée
6. steel industry	f. la formation professionnelle
7. notice, warning	g. empêcher
8. to prohibit, stop	h. l'industrie lourde
9. duration	i. la crèche
10. day-care center	j. l'industrie de l'acier

Exercice 14   Match the word or expression in Column A with its definition in Column B.

A	B
1. la durée	a. la période
2. une industrie lourde	b. lieu où l'on garde les enfants pendant que leurs parents sont au travail
3. le cadre moyen	
4. le préavis	c. une industrie qui fait de très grandes machines
5. la formation professionnelle	
6. la crèche	d. une industrie qui fabrique (produit), par exemple, de petits ordinateurs et calculatrices
7. une industrie légère	
8. empêcher	e. le chef (directeur) d'un service d'une entreprise
	f. arrêter, ne pas permettre, interdire
	g. avertissement, notification en avance
	h. l'instruction qu'on reçoit pour apprendre à faire quelque chose (à exercer un métier)

COMPREHENSION

Exercice 1   True or false?
1. Il n'y a jamais de différences entre les intérêts des employés et ceux des employeurs.
2. Les employés veulent un emploi sûr et des conditions de travail convenables.
3. On peut dire que les syndicats ont profité surtout aux ouvriers non-qualifiés.
4. Pendant la deuxième guerre mondiale il y a eu beaucoup de chômage.
5. Un syndicat industriel réunit tous les ouvriers d'une industrie donnée—les qualifiés et les non-qualifiés.
6. Un syndicat par métiers ne réunit que les ouvriers qualifiés dans un métier donné.
7. Le mouvement syndical a beaucoup plus de puissance aujourd'hui que dans le passé.
8. La part de l'industrie lourde dans l'économie des Etats-Unis a augmenté récemment.

Exercice 2   Answer.
1. Que voulait faire le comité qui s'est formé au sein de la FAT pendant les années 30? Quel était son objectif?
2. Qu'est-ce que ce comité forme en 1938?
3. Et quand ces deux syndicats fusionnent-ils?
4. De nos jours, est-il légal d'exiger qu'un individu soit membre d'un syndicat avant d'obtenir un emploi?

5. Dans les années 50, pourquoi l'image des syndicats a-t-elle été ternie?
6. Qu'est-ce qui intéresse beaucoup d'employés actuellement?
7. Quel est le but (l'objectif) d'un cordon de piquets?
8. Dès 1983, qu'est-ce que l'entreprise est obligée de faire en cas de fermeture?
9. Quelles sont de nouvelles stratégies que les syndicats adoptent pour s'adapter à l'économie actuelle (de nos jours)?

Exercice 3   Indicate whether each activity is (a) **une arme des syndicats** or (b) **une arme des patrons.**
1. une grève
2. un arrêt de travail pendant lequel les grévistes forment un cordon de piquets
3. le remplacement des grévistes par de nouveaux employés
4. la fermeture des usines ou des bureaux pour empêcher les employés de travailler
5. un ralentissement de travail pour interrompre l'activité habituelle de l'entreprise
6. l'action de plier bagages et de s'installer de nouveau quelque part d'autre où la main-d'œuvre est moins chère
7. la décision collective de ne pas acheter le produit de l'entreprise

Exercice 4   Explain each of the following terms in French.
1. *AFL*
2. *CIO*
3. *AFL-CIO*
4. le boycottage
5. la grève
6. la fermeture

Chapitre 8
LA PRODUCTION DE BIENS ET SERVICES

Le rôle de la technique

Depuis le début de l'ère industrielle, la préoccupation principale a été d'améliorer le rendement[1]. Cela s'est fait de diverses façons. Il y a eu d'abord la mécanisation de l'industrie. Les machines ont remplacé les hommes, tout du moins une partie des hommes car il en fallait encore pour faire marcher les machines. La standardisation a également facilité et donc augmenté la production.

Mais l'invention qui a eu le plus de répercussions sur le rendement a été la chaîne de fabrication: un objet est assemblé petit à petit alors qu'il passe par des postes de travail successifs où un ouvrier a une tâche bien déterminée, toujours la même. Charlie Chaplin a immortalisé le travail à la chaîne dans son film *Les temps modernes*. Le travail à la chaîne a énormément réduit le temps de fabrication, mais a également fait baisser le prix de fabrication. Lorsque Ford a introduit la chaîne comme moyen de fabrication, la Ford T est passée de 12 000 à 290 dollars. L'étape suivante a été l'automatisation. Les hommes ont finalement été remplacés par des machines, même à la chaîne de fabrication. De nos jours, l'informatique est de plus en plus utilisée. Robots et machines téléguidées sont contrôlés par des ordinateurs[2].

Tous ces progrès ont entraîné la fabrication en grande série qui a permis d'offrir aux consommateurs des produits encore meilleur marché. On peut se rendre compte de la différence si l'on compare le prix des vêtements faits sur mesure et celui des vêtements de confection fabriqués en grande série.

L'amélioration du rendement et de la qualité

Le contrôle des fournitures Il est possible d'améliorer le rendement dans d'autres domaines que celui de la fabrication. Il est très important, par exemple, de contrôler l'inventaire. Il ne s'agit pas seulement de savoir exactement la quantité des fournitures et des stocks, mais de savoir aussi où ils se trouvent! De plus, il faut surveiller leur condition, car des produits endommagés ne valent[3] plus rien. Le grand problème est de déterminer la quantité de fournitures et de stocks à entreposer: des stocks importants permettent de satisfaire la demande immédiatement, mais les coûts d'entreposage sont très élevés. D'autre part, des

---

[1]*output, production* [2]*computers* [3]*aren't worth*

fournitures insuffisantes peuvent coûter cher à l'entreprise; la fabrication peut même aller jusqu'à s'arrêter complètement. Là encore, l'informatique arrive à la rescousse[4]. Il y a plusieurs systèmes de contrôle des inventaires qui permettent de savoir le moment où certaines fournitures seront nécessaires et la quantité. On peut ainsi réduire les stocks. Mais ces systèmes ne sont efficaces que si les employés mettent les données à jour régulièrement.

Le contrôle de la qualité Les sociétés américaines se rendent de plus en plus compte que productivité et efficacité ne suffisent plus. La qualité importe autant. Pendant les années 70, un tiers du marché automobile est allé aux Japonais. Le prix des voitures américaines était parfois majoré de 25% pour couvrir les frais dus à la qualité inférieure du produit: inspections, réparations, et même procès[5]. Les industries américaines ont payé cher le peu d'attention porté à la qualité. Mais elles se sont reprises et contrôlent maintenant de très près la qualité de leurs produits. La façon traditionnelle est de tester le produit au hasard—un article sur dix, par exemple—et de faire un rapport détaillé sur les résultats. Mais on s'est aperçu qu'il ne suffit pas de tester le produit fini. Il faut aussi s'assurer que, dès le départ, la fabrication s'effectue dans les meilleures conditions possibles: les outils et les machines doivent être parfaitement adaptées aux tâches qu'ils doivent accomplir. Il s'agit d'un domaine plus vaste que le contrôle de la qualité, celui de l'assurance de la qualité (qui inclut le contrôle). Dans certaines industries, les opérations de fabrication sont si complexes qu'il faudrait des milliers de tests pour s'assurer de la qualité à tous les niveaux[6]. Elles utilisent donc un procédé de contrôle par statistiques qui part du même principe que la méthode employée par les sondages d'opinion: si l'on choisit une partie représentative, on peut avoir une idée approximative du tout.

Les relations humaines Les conditions de travail sont très importantes et les sociétés veillent à ce qu'elles soient les meilleures possibles. Elles s'appuient, entre autres, sur les enseignements de l'ergonomie, une science qui étudie les conditions de travail et les relations entre l'homme et la machine. Bien que l'on parle de rendement surtout pour les industries qui fabriquent des produits, les industries de services, elles aussi, ont utilisé les mêmes méthodes de travail. Les hôtels, les agences de location[7] de voitures, les associations de comptables, etc., ont adapté à leurs besoins le principe de la fabrication à la chaîne.

Le contrôle de la production

Par «production», on entend l'ensemble des activités qui permettent de produire des biens matériels et d'assurer des services. La gestion de la production et des opérations est un domaine qui se développe de plus en plus dans les entreprises. Comme tout autre genre de gestion, il s'agit de planifier, d'organiser, de diriger et de contrôler. Le contrôle de la production varie d'entreprise à entreprise. On peut néanmoins compter cinq stades.

---

[4]*rescue*   [5]*lawsuits*   [6]*levels*   [7]*rental*

La planification Le directeur de la production reçoit des ingénieurs des listes qui indiquent toutes les fournitures, les machines et la main-d'œuvre qu'il faudra pour fabriquer une certaine quantité d'articles. Son rôle est alors de déterminer ce qu'il faut commander, combien de personnes il faut engager, et aussi, le temps que cela mettra. Il faut déterminer les frais d'installation.

Le routage Vient ensuite le déroulement des opérations. Dans quel ordre s'effectueront les différentes tâches? Cela dépend bien sûr de la disposition des différents bâtiments ou ateliers de l'usine. Pour déterminer le routage, on utilise le schéma d'implantation de l'entreprise.

Le plan d'exécution, la programmation Dans tout routage, il faut tenir compte du facteur temps. Le directeur de la production détermine à quel moment chaque opération va commencer et finir.

L'expédition A ce stade, le directeur distribue les tâches en précisant les délais dans lesquels elles doivent être accomplies. Il informe également tous ses supérieurs de cette distribution.

Le suivi et le contrôle Dans un dernier stade, le directeur s'assure que la marche des opérations s'effectue sans problème. Il est prêt à toute éventualité: le mauvais fonctionnement d'une machine, des fournitures insuffisantes, mais aussi il est prêt à rectifier une erreur de planification de sa part. Il contrôle la qualité à chaque stade et s'assure que le produit fini est conforme aux normes établies.

Comme dans beaucoup d'autres domaines, la production de biens et de services a été entièrement transformée par l'informatique. Les ordinateurs contrôlent la bonne marche des opérations avec efficacité... du moment que[8] les données introduites sont les bonnes!

---

[8] *so long as*

ETUDE DES MOTS

Exercice 1 Study the following cognates that appear in this chapter.

la technique	l'ingénieur	faciliter
la mécanisation	la liste	contrôler
la machine	le rôle	réduire
la standardisation	le délai	tester
la production	la distribution	utiliser
l'invention	l'erreur	planifier
la répercussion	la norme	organiser
le robot	l'ère industrielle	engager
la qualité		distribuer
l'inventaire	insuffisant	rectifier
la productivité	complexe	accomplir
l'inspection	représentatif	assembler
le test	approximatif	comparer

Exercice 2   Match the word in Column A with its definition in Column B.

A	B
1. contrôler	a. employer, se servir de
2. assembler	b. à peu près
3. insuffisant	c. compliqué
4. approximatif	d. une époque
5. engager	e. une faute
6. utiliser	f. baisser, diminuer
7. comparer	g. exercer du contrôle
8. une erreur	h. pas assez
9. réduire	i. exécuter, réaliser entièrement
10. une ère	j. mettre ensemble
11. accomplir	k. étudier ou déterminer les
12. complexe	ressemblances et les différences
	l. recruter, attacher à un service

Exercice 3   Give the verb form for each of the following nouns.

1. la planification
2. le contrôle
3. la distribution
4. une inspection
5. la mécanisation
6. la production
7. la réduction
8. l'organisation

Exercice 4   Select the appropriate word(s) to complete each phrase.

la norme	une erreur	le rôle
les frais	la qualité	l'équipement disponible
les marchandises	les pièces	le travailleur
le projet	la tâche	

1. établir _____
2. rectifier _____
3. distribuer _____
4. engager _____
5. jouer _____
6. planifier _____
7. contrôler _____
8. utiliser _____
9. accomplir _____
10. réduire _____
11. assembler _____

Exercice 5   Match the English word or expression in Column A with its French equivalent in Column B.

	A		**B**
1.	data	a.	l'informatique
2.	computer science	b.	l'ordinateur
3.	computer	c.	les données
4.	output (production)	d.	le poste de travail
5.	assembly line	e.	le rendement
6.	work station	f.	la fabrication en grande série
7.	mechanization	g.	la chaîne de fabrication (montage)
8.	specific task, job	h.	faire marcher
9.	assembly-line work	i.	la tâche déterminée
10.	automation	j.	le travail à la chaîne
11.	mass production	k.	la mécanisation
12.	manufacturing cost	l.	le prix de fabrication
13.	to run (a machine)	m.	l'automatisation

Exercice 6   Select the appropriate word(s) to complete each statement.

1. Les entreprises veulent toujours améliorer _____.
   a. l'inventaire   b. les machines   c. le rendement
2. La _____ a beaucoup de postes de travail où chaque ouvrier fait une tâche déterminée.
   a. mécanisation   b. chaîne de fabrication (montage)
   c. fabrication en grande série
3. _____ a réduit la demande de main-d'œuvre.
   a. La tâche déterminée   b. Le prix de fabrication   c. L'automatisation
4. Sur une chaîne de fabrication (montage) chaque ouvrier a _____.
   a. sa machine   b. son rendement   c. sa tâche déterminée
5. On critique souvent les chaînes de montage car _____ est très monotone.
   a. la tâche   b. le travail à la chaîne   c. l'automatisation
6. _____ précède l'automatisation.
   a. Le robot   b. La mécanisation   c. L'informatique
7. Il existe une situation dangereuse dans l'usine si l'ouvrier n'a pas la formation nécessaire pour _____ la machine.
   a. réparer   b. fabriquer   c. faire marcher
8. _____ comprend tous les frais encourus dans la fabrication d'un produit fini.
   a. Le prix de fabrication   b. Le rendement
   c. La fabrication en grande série
9. De nos jours, _____ contrôlent la bonne marche des opérations.
   a. les ouvriers eux-mêmes   b. les ordinateurs   c. les statistiques

10. Chose importante! Il faut que _____ qu'on introduit dans les
    ordinateurs soient les bonnes.
    a. l'informatique   b. les délais   c. les données

Exercice 7   Match the English word or expression in Column A with its
French equivalent in Column B.

A	B
1. materials management	a. les opérations de fabrication
2. to store, stock, warehouse	b. la productivité
3. inventory control	c. tester au hasard
4. damaged	d. l'efficacité
5. to cover expenses	e. le procédé
6. productivity	f. entreposer
7. efficiency	g. le contrôle par statistiques
8. quality control	h. le sondage d'opinion
9. quality assurance	i. le contrôle des fournitures
10. statistical quality control	j. le contrôle des inventaires
11. process	k. endommagé
12. manufacturing or production	l. le contrôle de la qualité
operations	m. l'assurance de la qualité
13. to random-test	n. couvrir les frais
14. opinion poll	o. les frais d'installation
15. set-up costs	

Exercice 8   Give the topic being discussed or tell what the person wants
to do.

1. Il faut toujours avoir des matériaux disponibles en quantités adéquates.
2. Il faut savoir la quantité des stocks et où ils se trouvent.
3. Il veut savoir les opinions du public vis-à-vis d'un certain produit.
4. Il faut tester le produit au hasard pour déterminer s'il existe des
   imperfections.
5. Il faut avoir un système de procédés qui assurera que le produit de
   l'entreprise satisfera les clients.
6. C'est le meilleur rendement possible d'une ressource.
7. C'est la transformation des ressources en produits dont le public (marché) a
   besoin.
8. Il est impossible de les tester tous mais il faut en tester au moins un sur
   dix.
9. C'est la méthode qu'on emploie pour obtenir le résultat qu'on désire.
10. Il faut déterminer ce que le projet coûtera avant de le commencer—le coût
    des matériaux, les machines qu'il faudra, etc.

Exercice 9   Match the English word or expression in Column A with its French equivalent in Column B.

A	B
1. work conditions	a. la gestion de la production
2. ergonomics	b. la gestion de la production et des
3. production control	opérations
4. production management	c. le suivi et le contrôle
5. production and operation	d. le routage
control	e. l'ergonomie
6. to direct	f. diriger
7. production planning	g. les conditions de travail
8. routing	h. le déroulement des opérations
9. operations sequence	i. le contrôle de la production
10. scheduling	j. l'expédition
11. dispatching	k. la planification
12. follow-up and control	l. la programmation

Exercice 10   Select the term being described.
1. l'ordre dans lequel s'effectueront les différentes tâches—le déroulement des opérations
   (la planification / le routage)
2. la détermination du temps que durera chaque opération (le délai)
   (la planification / la programmation)
3. la détermination de toutes les fournitures, les machines, la main-d'œuvre et les frais d'installation qu'il faudra pour fabriquer une certaine quantité d'articles
   (la planification / la programmation)
4. la distribution des tâches
   (le suivi et le contrôle / l'expédition)
5. l'ensemble des études et des recherches sur l'organisation du travail et les relations entre l'homme et la machine
   (les conditions de travail / l'ergonomie)

COMPREHENSION

Exercice 1   Answer.
1. Pourquoi la mécanisation n'a-t-elle pas remplacé tous les travailleurs?
2. Quelle invention a eu le plus de répercussions? Pourquoi?
3. Qu'est-ce qui a suivi la chaîne de fabrication?
4. Et de nos jours, qu'est-ce qui est de plus en plus utilisé?

5. Qu'est-ce qui a permis aux entreprises d'offrir aux consommateurs des produits meilleur marché?
6. Pourquoi les entreprises automobilistes américaines ont-elles perdu beaucoup de leur marché?
7. Où le marché est-il allé?
8. Quelle est la différence entre le contrôle de la qualité et l'assurance de la qualité?
9. Qu'est-ce que l'ergonomie?
10. Qui prépare les listes qui indiquent tout ce qu'il faudra pour fabriquer un nouveau produit?
11. De nos jours, qu'est-ce qui a beaucoup transformé la production de biens et de services?

Exercice 2   True or false?
1. Le travail à la chaîne est très varié et intéressant.
2. Le travail à la chaîne a réduit le temps de fabrication et a fait baisser le prix de fabrication.
3. Le seul domaine dans lequel on peut améliorer le rendement est celui de la technique.
4. Si l'entreprise n'a plus de fournitures disponibles, il faudra arrêter la fabrication.
5. Les ingénieurs n'ont rien à voir avec la planification d'un produit.
6. Le routage est la même chose que l'expédition.
7. L'expédition décide de l'ordre dans lequel s'effectueront les différentes opérations.
8. Le routage précise les délais pour chaque étape ou stade de l'opération.
9. On doit être toujours prêt à rectifier une erreur de planification ou de production.

Exercice 3   Match the job with the section.
  le contrôle des fournitures   les relations humaines
  le contrôle de la qualité   le contrôle de la production
1. Il faut savoir exactement la quantité des matériaux et des stocks.
2. Il faut assurer que le produit satisfera le public et ne sera pas défectueux.
3. Il faut déterminer la quantité de matériaux, etc., à commander et à entreposer.
4. Il faut assurer que les conditions de travail sont les meilleures possibles.
5. Il faut tester le produit au hasard.
6. Il faut planifier, organiser, diriger et contrôler chaque produit.
7. Il faut surveiller la condition des stocks.

Chapitre 9
LA COMPTABILITE ET
LE FINANCEMENT

La comptabilité est un système utilisé par les entreprises pour mesurer et contrôler leurs performances financières en notant toutes les ventes, achats ou autres transactions. Il y a deux sortes de comptabilité: la comptabilité de finances et la comptabilité de gestion.

Le but de la comptabilité de finance est de fournir des renseignements sur l'entreprise pour tous ceux qui voudraient l'évaluer. L'état financier est préparé selon un système standard, le même pour toutes les entreprises. La comptabilité de gestion varie d'entreprise en entreprise. Elle a pour but d'aider les gestionnaires à évaluer les performances de l'entreprise et à prendre les décisions adéquates.

On peut résumer la suite des opérations comptables de la façon suivante: une transaction (vente, achat, prêt, etc.) a lieu. Le comptable l'inscrit dans le livre journal, un livre de comptes où sont écrites toutes les transactions tous les jours. Ces écritures sont ensuite analysées et classées en différentes catégories de comptes: actif, revenu, frais, passif. Elles sont ensuite transcrites sur le grand-livre qui indique toutes les transactions financières pour une période donnée appelée exercice comptable, et portant en général sur un an.

Toutes ces données servent ensuite à préparer divers documents: les budgets, les rapports, le bilan, le compte d'exploitation. Ces documents sont analysés par la direction générale de l'entreprise qui prendra les décisions qui s'imposent. Ils serviront aussi à préparer les rapports de comptabilité financière destinés au public.

Aux deux sortes de comptabilité, correspondent deux sortes de comptables: les comptables publics et les comptables privés. Les comptables publics ne dépendent pas des entreprises, individus ou associations qu'ils servent. Ils préparent des rapports financiers pour des petites entreprises ou ils vérifient les comptes des grosses entreprises. Seuls les comptables qui réussissent un examen au niveau de l'état peuvent se dire expert-comptables.

Notions de comptabilité

Depuis des milliers d'années, les entreprises commerciales et les gouvernements ont noté leurs actifs, les choses de valeur qu'ils possèdent (l'or, le blé[1], etc.) et leurs

---

[1]*wheat*

passifs, ce qu'ils doivent aux autres. En effet, on ne peut être riche que si le passif est inférieur à l'actif! Ce qui reste est ce qu'on appelle les capitaux propres. Par exemple:

Actif		$ 100 000
Passif		- 30 000
Capitaux Propres		$ 70 000

ou,   Actif   =   Passif   +   Capitaux Propres
       $100 000   = $30 000   + $70 000

De quelque façon Actif, Passif et Capitaux Propres s'équilibrent. Les deux membres de l'équation sont égaux. Pour arriver à ce but, les comptables utilisent le système de comptabilité en partie-double. Dans ce système, toute transaction fait l'objet d'une double inscription.

Les rapports financiers

Pour simplifier la tâche des gestionnaires qui doivent étudier la situation financière de l'entreprise à un moment donné, les comptables établissent des rapports qui résument toutes les transactions qui ont eu lieu.

Le bilan Le bilan permet de voir très rapidement la situation financière de l'entreprise. La plupart des entreprises préparent un bilan tous les ans à la fin de l'année, mais certaines choisissent l'année budgétaire comme période.

Sur les comptes de bilan on porte à l'actif:

(a) l'actif réalisable, les fonds dont on peut disposer immédiatement
  • l'argent liquide
  • les valeurs mobilières, actions ou obligations
  • les effets à recevoir, ce que les clients doivent à l'entreprise
  • les billets à ordre, engagements à payer une certaine somme, plus
    intérêts, à une certaine date et à un certain endroit
  • les marchandises à vendre ou à transformer
  • les frais payés à l'avance

(b) les immobilisations
    équipement, investissement à long terme dans des locaux, les meubles,
    etc. Ceux-ci ne sont pas éternels et subissent une dépréciation lorsqu'il
    s'agit de biens corporels et un amortissement lorsqu'il s'agit de bien
    incorporels comme un brevet.

(c) les actifs incorporels tels que les copyrights, les brevets et les marques

On porte au passif:

(a) le passif exigible, les dettes qu'a la société envers les fournisseurs ou les
    actionnaires
  • les effets à payer, en général dans un délai de 30 jours
  • les notes à payer, traites ou billets à ordre signés par la société
  • les frais à payer mais qui ne le sont pas encore (salaires, etc.)
  • les engagements à long terme

(b) les capitaux propres

Le compte d'exploitation Ce compte indique toutes les ventes, les achats, les frais. Il soustraie les dépenses des recettes et détermine s'il y a eu perte ou gain, c'est-à-dire le revenu net, à distinguer du revenu brut.

Le compte de flux monétaire ou cash flow En plus du bilan et du compte d'exploitation, la plupart des entreprises préparent un compte de cash flow. C'est un très bon moyen de juger de la situation financière d'une entreprise, à savoir la facilité qu'elle a à payer ses engagements à court terme.

Enfin, l'état financier donne de nombreux renseignements qui peuvent être utilisés pour faire des analyses de tendances et des comparaisons entre différentes sociétés d'une même industrie.

De même pour les analyses de ratios: on compare deux éléments tels que les ventes et les actifs. On obtient un pourcentage ou ratio que l'on peut comparer à celui des années passées ou à ceux des concurrents. Ce sont là des indices de performance précieux quant à la bonne marche de l'entreprise. Le ratio de rentabilité, par exemple. Mais il y a aussi les ratios de liquidité qui indiquent la facilité de payer ses dettes à court terme, une information qui intéresse créanciers et débiteurs.

Le fonds de roulement d'une société, c'est-à-dire l'actif réalisable moins le passif exigible n'est pas vraiment représentatif de la situation financière d'une entreprise. On utilise souvent le ratio du jour, l'actif réalisable divisé par le passif exigible. Certaines entreprises préfèrent utiliser le ratio de l'équité immédiate qui ne tient pas compte des inventaires.

Structure financière

Choisir une politique de financement est très important pour l'entreprise. Il faut décider quels seront les financements à court terme et à long terme, c'est-à-dire la répartition entre les crédits de trésorerie et les capitaux permanents puisqu'il s'agit de besoins permanents: installations, outils, bâtiments, etc.

Quant aux besoins du cycle d'exploitation, il est plus difficile de choisir le moyen de financement. Il faut juger si les besoins sont permanents ou non.

Les crédits à court terme Il existe de nombreux crédits à court terme allant de 3 jours à 270. Le plus courant donne un délai de 60 jours pour payer la marchandise.

Les crédits à long terme Cela peut être des prêts, mais aussi des obligations: les entreprises qui choisissent de s'endetter à long terme peuvent le faire en émettant des obligations, c'est-à-dire une reconnaissance de dette de la part des entreprises à l'égard des obligataires. Ces obligations sont des titres négociables et peuvent être cotées en bourse.

ETUDE DES MOTS _____

Exercice 1   Study the following cognates that appear in this chapter.

le système	la transaction	la catégorie
la performance	le système standard	la situation

l'amortissement   mesurer   préparer
le cash flow   contrôler   vérifier
la comparaison   financer   simplifier
la facilité   noter   indiquer
la structure   évaluer
                      varier
égal   analyser
éternel   dépendre

Exercice 2   Match the word in Column A with its definition in Column B.

	A		B
1.	la catégorie	a.	façon de faire quelque chose
2.	varier	b.	remarquer
3.	analyser	c.	déterminer la valeur
4.	le système	d.	action de faire quelque chose de la
5.	égal		même façon partout
6.	noter	e.	classe ou groupe de la même nature
7.	évaluer	f.	pour toujours
8.	simplifier	g.	convertir les investissements en
9.	un système standard		liquide
10.	vérifier	h.	semblable; qui ne varie pas
11.	éternel	i.	changer
12.	liquider	j.	rendre plus facile
		k.	examiner; étudier soigneusement
		l.	déterminer si c'est correct

Exercice 3   Match the verb in Column A with its noun form in Column B.

	A		B
1.	comparer	a.	la situation
2.	faciliter	b.	la liquidation
3.	situer	c.	la comparaison
4.	liquider	d.	l'amortissement
5.	amortir	e.	la facilité

Exercice 4   Match the English word or expression in Column A with its French equivalent in Column B.

	A		B
1.	accounting	a.	le comptable privé
2.	accountant	b.	la comptabilité de gestion
3.	financial accounting	c.	l'expert-comptable
4.	management accounting	d.	la comptabilité
5.	financial statement	e.	l'état financier
6.	balance sheet	f.	le comptable
7.	income statement	g.	le comptable public
8.	annual report	h.	la comptabilité de finance

9. public accountant i. le compte d'exploitation
10. private accountant j. le bilan
11. CPA k. le rapport annuel

Exercice 5 Complete each statement with the appropriate word(s).
1. _____ est un système qu'on utilise pour mesurer, décrire et contrôler les activités économiques et financières.
2. Le comptable qui travaille au service de la comptabilité d'une entreprise est un comptable _____.
3. Et celui qui ne travaille pas pour une entreprise ou une association est un _____.
4. Il faut réussir un examen au niveau de l'état avant de devenir un _____.
5. La comptabilité _____ aide les dirigeants (gestionnaires, directeurs) à évaluer la performance de leur entreprise et à prendre des décisions financières.
6. _____ indique le résultat positif ou négatif des activités financières d'une entreprise. C'est un tableau qui représente l'actif et le passif de l'entreprise à une date déterminée.
7. _____ indique le revenu de l'entreprise—le revenu brut et le revenu net, qui est le revenu brut moins les dépenses.
8. Il existe beaucoup de types d'_____ financiers.
9. A la fin de l'année beaucoup de grosses entreprises préparent _____ pour le public—surtout pour leurs actionnaires.

Exercice 6 Match the English word or expression in Column A with its French equivalent in Column B.

A	**B**
1. to register, post, enter	a. le compte
2. journal	b. inscrire
3. general ledger	c. les gains et les pertes
4. account	d. le livre journal
5. to transfer	e. le budget
6. to review	f. transcrire
7. double-entry bookkeeping	g. le grand-livre
8. accounts payable	h. résumer
9. accounts receivable	i. les dettes actives, les valeurs
10. budget	réalisables, les effets à recevoir
11. accounting period	j. le passif exigible
12. profit and loss	k. l'exercice comptable
	l. la comptabilité à partie-double

Exercice 7 Give the word being defined.
1. noter une transaction dans le livre journal
2. un livre dans lequel sont inscrits tous les comptes de l'entreprise

3. le livre dans lequel on inscrit tous les jours les transactions de l'entreprise
4. ce que l'entreprise a perdu
5. ce que l'entreprise a gagné
6. ce que l'entreprise doit payer; les notes, les factures qui ne sont pas encore payées
7. l'argent qui est dû à l'entreprise, les factures qui ne sont pas encore payées par les clients de l'entreprise
8. copier une transaction du livre journal dans le grand-livre
9. le document qui indique les dépenses *(expenses)* qu'on pense avoir (encourir). Il peut indiquer également le revenu qu'on pense recevoir.
10. une période de temps déterminée pour laquelle on ferme les comptes et prépare des états ou des rapports financiers

Exercice 8   Study the French equivalent of each of the following words.
stockholders' equity, owner's equity   le capital propre
stocks and bonds   les valeurs mobilières
stocks   les actions
bonds   les titres, les obligations, les bons
receivable note   l'effet à recevoir
promissory note   le billet à ordre
fixed assets   les immobilisations, les capitaux fixes
current assets   l'actif réalisable
tangible goods (assets)   les biens (actifs) corporels
intangible goods (assets)   les biens (actifs) incorporels
expenses payable   les frais à payer
prepaid expenses   les frais payés à l'avance
amortization, depreciation   l'amortissement
profitability   la rentabilité
profitability ratio   le ratio de rentabilité
daily ratio   le ratio du jour
liquidity ratio   le ratio de liquidité
working (floating) capital   le fonds de roulement
assets   l'actif
liabilities   le passif
cash flow   le compte de flux monétaire, le cash flow
securities   les titres, les valeurs

Exercice 9   Choose the term being defined.
1. le total (montant) des dettes
   (l'actif / le passif)
2. les valeurs mobilières, les gains, les biens mobiliers, les installations que possède l'entreprise ou l'individu
   (l'actif / le passif)

3. l'argent disponible pour couvrir les frais immédiats
   (le fonds de roulement / l'actif réalisable)
4. le capital qu'on peut vendre et convertir en liquide assez vite
   (l'actif réalisable / les immobilisations)
5. le capital qu'on ne peut pas convertir en liquide tout de suite tels que les
   biens mobiliers
   (l'actif réalisable / les immobilisations)
6. la capacité de réaliser (rendre) des bénéfices ou du profit
   (la rentabilité / le flux monétaire)
7. le capital que l'entreprise ou l'individu possède à ce moment
   (l'actif / l'actif réalisable)
8. les produits tels que les biens mobiliers et l'équipement
   (les biens corporels / les biens incorporels)
9. les biens comme un copyright, un brevet, une marque déposée
   (les biens corporels / les biens incorporels)
10. l'entrée et la sortie de liquide, d'espèces
    (le compte de flux monétaire / l'actif)
11. l'ensemble des dettes auxquelles l'entreprise est obligée
    (le capital / le passif)
12. les frais qu'on a déjà payés
    (les frais à payer / les frais payés à l'avance)
13. les frais qu'on n'a pas encore payés
    (les frais à payer / les frais payés à l'avance)
14. les actions, les titres et les obligations
    (les valeurs mobilières / les immobilisations)
15. un document par lequel on s'engage à payer une somme d'argent à un
    individu à une date déterminée
    (un billet à ordre / une action)

Exercice 10   Match the English word or expression in Column A with its
French equivalent in Column B.

A	B
1. registry, entry, posting	a. à long terme
2. investment	b. le revenu
3. long-term	c. le profit, les bénéfices, les gains
4. short-term	d. l'inscription, l'écriture
5. income	e. le revenu net
6. net income	f. l'investissement
7. gross income	g. à court terme
8. profit	h. le débiteur
9. creditor	i. le revenu brut
10. debtor	j. le créancier

Exercice 11   Match the word or expression in Column A with its definition in Column B.

A	B
1. le revenu brut	a. personne qui doit de l'argent
2. le revenu net	b. un investissement qu'une jeune personne fait pour sa retraite
3. le créancier	c. l'argent qu'on reçoit de n'importe quelle source
4. le revenu	d. un investissement de 90 jours
5. le débiteur	e. tout l'argent qu'on reçoit sans compter les frais qu'on encourt pour recevoir cet argent
6. un investissement à long terme	f. l'argent qui reste à quelqu'un après qu'il a payé tous les frais et autres obligations
7. le gain, les bénéfices	g. l'argent reçu pour un produit moins les frais de production
8. un investissement à court terme	h. personne à qui l'argent est dû

COMPREHENSION

Exercice 1   Answer.
1. Qu'est-ce que la comptabilité?
2. Quelle est la fonction de la comptabilité de finance?
3. Quel est le but de la comptabilité de gestion?
4. Où le comptable inscrit-il chaque transaction?
5. Quand le fait-il?
6. Comment les transactions sont-elles classées?
7. Et ensuite où sont-elles transcrites?
8. Pourquoi toutes ces données sont-elles importantes?
9. Qu'est-ce que l'actif?
10. Qu'est-ce que le passif?
11. Qu'est-ce que la comptabilité à partie-double?
12. Qu'est-ce que les comptables préparent pour faciliter le travail des gestionnaires?
13. Que font les gestionnaires avec tous ces rapports?
14. Quand les entreprises préparent-elles le bilan?
15. Qu'est-ce qu'on peut faire avec les renseignements qui sont sur l'état financier d'une entreprise?

Exercice 2   Select the category into which each item falls.

l'actif réalisable   les biens incorporels
les valeurs mobilières   le passif exigible
les immobilisations

1. l'argent liquide
2. un copyright

3. une facture due à un fournisseur
4. un brevet
5. les frais payés à l'avance
6. le bureau
7. l'usine
8. une action
9. une obligation qu'on a vendue
10. le stock

Exercice 3   True or false?
1. Un comptable public travaille pour une grosse entreprise, pas pour une petite association.
2. L'actif est le passif plus les capitaux propres.
3. Les biens corporels sont les biens tangibles qu'on peut voir et toucher.
4. Les investissements à long terme dans les locaux et les meubles sont des actifs réalisables.
5. Les ratios permettent aux gestionnaires de comparer les résultats de leur entreprise à ceux des autres—leurs concurrents.
6. Les ratios de liquidité indiquent la rentabilité de l'entreprise.
7. Les états financiers et les ratios intéressent beaucoup les créanciers de l'entreprise.
8. Le compte d'exploitation indique les ventes moins les achats moins les frais des revenus pour déterminer s'il existe une perte ou un gain.
9. Le compte d'exploitation nous permet de distinguer le revenu brut du revenu net.

Exercice 4   In your own words, explain each of the following terms.
1. le grand-livre
2. le compte d'exploitation

Exercice 5   In your own words, explain the difference between the following terms.
1. le livre journal et le grand-livre
2. le bilan et le compte d'exploitation

Chapitre 10
LES BANQUES ET
LA BOURSE

Les banques

La plupart des gens reçoivent un salaire, ils dépensent leur argent en achetant des produits ou des services. Toutes ces opérations financières se font par l'intermédiare des banques. Il y a plusieurs genres de banques.

Les banques de dépôt Les particuliers ou les industriels font ouvrir un compte. Ils effectuent un versement initial et reçoivent un chéquier (ou carnet de chèques). Le compte peut être ouvert au nom d'une personne ou il peut être joint quand il est au nom de plusieurs personnes. Le client peut ensuite prélever de l'argent en écrivant des chèques à son ordre ou à l'ordre d'autres personnes. Pour alimenter son compte, le titulaire du compte remplit un bordereau de versement. Le compte doit avoir un solde créditeur, sinon il serait sans provisions. Les banques envoient régulièrement des relevés de comptes qui indiquent l'état du compte à un moment donné. Aux Etats-Unis, il y a deux sortes de banques, les banques nationales et les banques d'état. Il y a 4 870 banques nationales et 9 267 banques d'état.

Les banques de crédit Comme leur nom l'indique, ces banques offrent des crédits à ceux qui en demandent. Ce sont des banques de type mutualité: des coopératives qui offrent des comptes-chèques, des comptes de crédit, des cartes de crédit et des prêts.

Les banques d'affaires Celles-ci investissent leurs capitaux en finançant de grosses entreprises. Elles se spécialisent dans les spéculations boursières.

Les caisses d'épargne En France, ce sont des institutions directement sous le contrôle de l'Etat. On a un livret de caisse d'épargne. C'est évidemment un compte à intérêts.

Les banques offrent plusieurs types de service. Elles peuvent émettre des chèques qui sont garantis—ce sont des chèques certifiés. On peut également écrire des chèques sur un compte à decouvert, régler ses factures de gaz, d'eau et d'électricité. Une des fonctions les plus répandues est l'émission de cartes de crédit et de chèques de voyage.

Quelques termes bancaires: La personne qui écrit le chèque est le tireur. Il peut écrire ce chèque au nom d'une autre personne, le bénéficiaire. Si le chèque n'indique pas le nom du bénéficiaire ni le montant du chèque, c'est un chèque en blanc. Endosser un chèque est le signer pour pouvoir le toucher. En France, la plupart des chèques sont barrés: deux barres transversales indiquent que le chèque ne peut être touché que par une banque.

La Bourse

La Bourse est un marché où l'on conclut des affaires sur des marchandises, des services ou des valeurs mobilières. La Bourse est un marché, mais on n'y voit pas d'objets à vendre; les opérations boursières s'effectuent sur des produits invisibles. On considère souvent la Bourse comme le baromètre de l'économie: les cours des valeurs mobilières montent et descendent en fonction de l'offre et la demande et aussi d'autres facteurs tels que les événements politiques et la situation internationale. Les Bourses les plus importantes sont celles de New York, Tokyo, Londres et Paris. Mais il y a aussi des Bourses régionales comme celles de Chicago, San Francisco, Philadelphie aux Etats-Unis et celles de Bordeaux, Lyon, Marseille en France.

La Bourse des Marchandises Les produits en vente sont des produits agricoles ou industriels: le cuivre, l'argent, le blé, etc. Il s'agit d'achat et de vente en gros. Les courtiers sont les intermédiaires entre les acheteurs et les vendeurs. Ils notent officiellement les cours auxquels sont cotés les marchandises.

La Bourse des Valeurs C'est là où s'achètent et se vendent des valeurs mobilières, c'est-à-dire des titres émis (ou des actions émises) par de grosses entreprises du secteur privé ou des organismes du secteur public. Toutes les transactions s'opèrent par l'intermédiaire des agents de change qui reçoivent une rémunération portant le nom de courtage[1]. Un indice boursier permet de connaître rapidement la tendance générale des cours qui est, soit à la baisse, soit à la hausse. Aux Etats-Unis, c'est le *Dow Jones,* mis au point par Messieurs Dow et Jones du *Wall Street Journal* et basé sur les 30 valeurs vedettes[2] à la Bourse de New York. A la Bourse de Paris c'est le CAC 40 (CAC est le sigle pour Compagnie des Agents de Change), basé sur 40 sociétés françaises.

Les valeurs mobilières sont de deux sortes: les actions ordinaires et les actions privilégiées. Ceux qui détiennent des actions ordinaires—les actionnaires— reçoivent des dividendes, c'est-à-dire un pourcentage des bénéfices. Mais, s'il n'y a pas de bénéfice, il n'y a pas de dividende. D'autre part en cas de perte ou de liquidation, les actionnaires sont payés après le règlement du passif. Les actions privilégiées rapportent à leurs titulaires des dividendes fixes. D'autre part les titulaires d'actions privilégiées reçoivent leurs dividendes avant ceux qui possèdent des actions ordinaires. Il est donc moins risqué de placer son argent dans des actions privilégiées que dans des actions ordinaires.

Enfin, les opérations boursières sont contrôlées par des commissions: aux Etats-Unis, c'est la *Securities and Exchange Commission.* Son équivalent français est la Commission des Opérations de Bourse (la COB).

---

[1]*brokerage*   [2]*most popular*

ETUDE DES MOTS _____

Exercice 1   Study the following cognates that appear in this chapter.

la banque	joint	indiquer
le salaire		signer
l'opération financière		endosser
l'intermédiaire		négocier
le chèque certifié		

Exercice 2   Match the English word or expression in Column A with its French equivalent in Column B.

A	B
1. bank	a. le versement initial
2. check	b. le relevé de compte
3. checking account	c. un chèque en blanc
4. checkbook	d. la banque
5. to open an account	e. le chèque
6. opening deposit	f. à l'ordre de
7. to draw against	g. le compte-chèques, le compte courant
8. to write a check	h. prélever contre
9. to the order of	i. un compte à découvert
10. account statement	j. le bordereau de versement
11. deposit slip	k. le chéquier; le carnet de chèques
12. balance	l. toucher, encaisser
13. bearer	m. le bénéficiaire
14. overdrawn account	n. ouvrir un compte
15. drawer (of a check)	o. écrire un chèque
16. payee	p. le titulaire
17. check made out to "cash"	q. le solde
18. to cash	r. le tireur
19. blank check	s. le chèque au porteur

Exercice 3   Select the appropriate word(s) to complete each statement.

1. Je ne veux pas le payer en liquide. Je vais payer par _____.
   a. chèque   b. intérêt   c. prêt
2. Je n'ai plus de chèques. J'ai besoin d'un autre _____.
   a. compte   b. solde   c. carnet
3. C'est un carnet de chèques ou _____.
   a. un chéquier   b. une carte de crédit   c. un chèque
4. Un compte contre lequel on peut écrire des chèques, c'est _____.
   a. un chéquier   b. une carte de crédit   c. un compte-chèques
5. En ouvrant le compte, il faut faire un _____.
   a. solde   b. titulaire   c. versement initial

6. Chaque fois qu'on verse de l'argent dans le compte, il faut remplir
   _____.
   a. une carte de crédit   b. un bordereau de versement
   c. un relevé de compte
7. Chaque mois la banque envoit au client _____.
   a. une carte de crédit   b. un bordereau de versement
   c. un relevé de compte
8. Le _____ qu'indique la banque sur le relevé doit être le même
   qu'indique le chéquier du titulaire du compte.
   a. solde   b. versement   c. carnet
9. Un _____ n'a plus de solde.
   a. compte-chèques   b. compte à découvert   c. relevé
10. Le _____ écrit le chèque.
    a. tireur   b. bénéficiaire   c. chéquier
11. Le chèque qui n'est pas écrit à l'ordre d'un individu précis, c'est un
    _____.
    a. découvert   b. tireur   c. chèque en blanc
12. Le bénéficiaire _____ le chèque.
    a. signe   b. écrit   c. touche

Exercice 4   Identify the person or thing.
1. Je veux vérifier le solde de mon compte-chèques.
2. J'écris des chèques pour payer mes factures.
3. Je viens de recevoir un chèque que je vais toucher tout de suite.
4. Moi, j'ai un compte. C'est mon compte.
5. Je vais le remplir avant de faire le versement.

Exercice 5   Match the English word or expression in Column A with its
French equivalent in Column B.

A	B
1. savings bank	a. le prêt
2, commercial bank	b. la caisse d'épargne
3. loan	c. le livret
4. savings account	d. la banque d'affaires
5. passbook	e. le compte à intérêts
6. interest-bearing account	f. le compte d'épargne
7. deposit slip	g. le bordereau de versement
8. to endorse	h. signer
9. to sign	i. endosser

Exercice 6   Complete each statement with the appropriate word(s).
1. Si je veux alimenter le compte je dois remplir _____.
2. Si je veux mettre de l'argent de côté je dois ouvrir _____.

3. Si je veux écrire un chèque, il faut le _____.
4. Et si je veux toucher le chèque, il faut l'_____.
5. Je peux vérifier le solde de mon compte d'épargne dans mon _____.
6. Un compte d'épargne est toujours un compte _____; mais ce n'est pas toujours le cas des comptes-chèques.
7. J'ai demandé un _____ à la banque car j'avais besoin d'argent pour acheter la voiture.

Exercice 7   Match the English word or expression in Column A with its French equivalent in Column B.

A	B
1. Exchange	a. la Bourse
2. Stock Exchange	b. le titulaire
3. Commodities Exchange	c. l'acheteur
4. buyer	d. les valeurs
5. seller	e. la Bourse des Valeurs
6. holder (of stock)	f. l'agent de change
7. securities (stocks, bonds)	g. les valeurs mobilières
8. shares	h. la Bourse des Marchandises
9. broker	i. le courtier
10. stockbroker	j. le vendeur
11. on the upside	k. à la baisse
12. on the downside	l. à la hausse
13. preferred stock	m. l'action ordinaire
14. common stock	n. l'action privilégiée

Exercice 8   Complete each statement with the appropriate word(s).
1. A la _____ on vend et achète du blé, des minéraux, etc.
2. L'intermédiaire qui vend et achète le blé, les minéraux et les autres marchandises pour ses clients est _____.
3. La _____ de New York se trouve à Wall Street.
4. C'est _____ qui achète et vend des actions pour ses clients.
5. Une _____ est une action.
6. _____ sont des titres, des bons, des actions, etc.

COMPREHENSION

Exercice 1   Answer.
1. Qu'est-ce que la plupart des gens font de leur argent?
2. Comment toutes ces opérations se font-elles?
3. Pour ouvrir un compte en banque, qu'est-ce qu'il faut faire?
4. Qu'est-ce qu'on reçoit?
5. Au nom de qui le compte peut-il être ouvert?
6. Comment le client peut-il prélever de l'argent?
7. Qu'est-ce que le client remplit quand il veut alimenter son compte?

8. Qu'est-ce que les banques envoient régulièrement à leurs clients?
9. Qu'est-ce que les relevés indiquent?
10. Qu'est-ce que les banques de crédit offrent?
11. Que font les banques d'affaires?
12. Pourquoi est-ce que les cours des valeurs mobilières montent et descendent?
13. Qu'est-ce qu'une valeur mobilière?
14. Comment les transactions s'opèrent-elles à la Bourse?

Exercice 2   Follow the directions.
Citez quelques exemples de services offerts par les banques.

Exercice 3   In your own words, explain each of the following terms.
1. le tireur
2. le bénéficiaire
3. le chèque en blanc
4. la Bourse des Marchandises
5. la Bourse des Valeurs
6. l'agent de change

Exercice 4   True or false?
1. Les événements politiques et la situation internationale n'influencent pas beaucoup la Bourse. Ce ne sont que les facteurs économiques qui affectent les cours des valeurs mobilières.
2. A la Bourse des Marchandises on vend en gros et en détail.
3. Pour savoir la tendance des cours il faut téléphoner ou s'adresser à un agent de change.
4. Si les cours augmentent, ils sont à la hausse.
5. Le titulaire d'actions privilégiées reçoit ses dividendes avant le titulaire d'actions ordinaires.
6. Celui qui investit son argent dans des actions privilégiées court plus de risques que celui qui achète des actions ordinaires.

Chapitre 11
LE RISQUE

Les différents genres de risque

Toute entreprise qui lance un produit court un risque. Le produit va-t-il être une réussite? Rien ne le garantit. Les capitaux investis peuvent ne pas rapporter les bénéfices escomptés. C'est le genre de risque le plus évident, ce qu'on appelle le risque d'exploitation. Ce genre de risque offre la probabilité de réaliser un profit. Mais il y a un autre genre de risque, celui qui n'offre pas la probabilité de réaliser un profit; c'est le risque à l'état pur, le risque imprévisible qui est la raison d'être des compagnies d'assurance. Nul ne peut prévoir un incendie, un vol ou un tremblement de terre[1]. Il y a enfin une troisième sorte de risque, c'est le risque financier. En effet, si l'entreprise se finance par des emprunts ou des émissions d'obligations, il lui faudra, à certaines dates, dégager des fonds pour payer ses dettes. Or l'entreprise ne contrôle pas vraiment les bénéfices d'exploitation et il se peut qu'à ces dates données, le flux de liquidité ne soit pas satisfaisant pour payer les créanciers. Plus l'entreprise s'est endettée, plus le risque financier est élevé; mais le risque d'exploitation aussi est affecté, donc le risque global est plus élevé.

Analyse du risque

Lorsque le gestionnaire prend une décision impliquant des risques, il se base sur des probabilités. Il peut utiliser son jugement ou son raisonnement. Il peut aussi utiliser des données fondées sur des précédents. En général il doit examiner les risques qui existent dans quatre domaines: (1) perte de propriété, soit par destruction ou par vol d'actifs corporels ou incorporels; (2) perte de revenu due à une baisse des recettes ou à une augmentation des frais causée par un événement imprévisible; (3) engagements juridiques envers les autres, y compris les employés et (4) perte de personnel clé par accident corporel ou décès. Prenons comme exemple un fabricant de jouet qui veut lancer sur le marché un nouvel ours en peluche[2]. D'abord il doit déterminer les façons dont les enfants pourraient se blesser en jouant avec cet ours: ils pourraient s'étouffer[3] en avalant[4] les yeux; ils pourraient être allergiques aux matériaux utilisés, etc. Ensuite, il doit identifier les éventuels défauts de fabrication qui pourraient causer ces accidents. Par exemple, il doit faire tester tous ses matériaux pour être sûr qu'ils ne peuvent pas engendrer des allergies. Dans une troisième phase, il doit calculer le montant de ses pertes éventuelles.

---

[1]*earthquake*   [2]*stuffed teddy bear*   [3]*choke*   [4]*swallowing*

Contrôle du facteur risque

Il y a plusieurs techniques pour minimiser le facteur risque. On peut essayer d'éliminer les risques purement et simplement. C'est en général difficile à faire. On peut en éliminer quelques-uns, mais pas tous. Il est possible de réduire la possibilité de pertes. Le fabricant de jouets, par exemple, fera tester ses matériaux, surveillera de très près la fabrication, veillera à ce que l'emballage soit hermétiquement fermé pour que personne ne puisse trafiquer le jouet. L'installation des systèmes d'extinction automatique d'incendie dans leurs locaux est un autre exemple de comment les entreprises essaient de réduire la possibilité de pertes. Il y a des moyens de réduire les pertes subies. Par exemple, en se conformant aux règlements dictés par le gouvernement, l'entreprise évite d'avoir à payer des amendes. Il est avantageux financer les risques. L'entreprise peut soit mettre de côté des fonds pour payer les pertes éventuelles, soit faire appel à une compagnie d'assurance.

Toutefois, il y a des risques qui peuvent être assurés et d'autres qui ne peuvent pas l'être. Un risque peut être assuré si le danger n'est pas sous contrôle de l'assuré. En cas d'incendie volontaire par l'assuré, l'assureur ne paiera pas. Néanmoins, il paiera s'il s'agit d'incendie volontaire par un employé de l'assuré. Un risque peut être assuré aussi si les pertes sont calculables et le coût raisonnable pour l'assureur. Par exemple, le nombre de morts chaque année a été calculé avec beaucoup de précision, ce qui permet aux assureurs de déterminer les primes d'assurance-vie. S'il y a un grand nombre de cas possibles du même danger, il est assurable. Une assurance contre l'incendie est assez facile à obtenir. Par contre, un grand joueur de football qui veut assurer ses jambes contre toute fracture aura du mal à trouver un assureur. Il arrive qu'un risque qui n'est pas assurable au départ le devienne une fois qu'il est plus prévisible: au début du siècle, les compagnies d'assurances hésitaient à assurer les passagers qui voyageaient en avoin. Il n'en est plus de même. Si le danger ne peut pas affecter tous les assurés en même temps, il est possible l'assurer. Il y a des assurances contre certaines catastrophes naturelles telles que les inondations, les ouragans, les tornades ou les tremblements de terre, mais il est impossible de s'assurer contre la sécheresse.

L'entreprise a donc le choix entre plusieurs techniques pour réduire le facteur risque. En général, elle en choisit une ou plusieurs. Tout dépend évidemment du cash flow de l'entreprise.

ETUDE DES MOTS

Exercice 1   Study the following cognates that appear in this chapter.

le risque	le raisonnement	le cas
le genre	le précédent	la catastrophe
la dette	la destruction	l'ouragan
le contrôle	le revenu	la tornade
la probabilité	l'augmentation	l'inondation

le jugement	garantir	calculer
les matériaux	investir	minimiser
	financer	éliminer
évident	payer	hésiter
satisfaisant	tester	affecter
naturel		

Exercice 2   Match the verb in Column A with its noun form in Column B.

A	B
1. risquer	a. la destruction
2. garantir	b. le jugement
3. investir	c. l'investissement
4. raisonner	d. la garantie
5. juger	e. le risque
6. détruire	f. le raisonnement

Exercice 3   Match the word in Column A with its definition in Column B.

A	B
1. la dette	a. le type
2. éliminer	b. le hasard, le danger
3. satisfaisant	c. clair, certain
4. le genre	d. ce qu'on doit
5. le raisonnement	e. suffisant
6. le revenu	f. le jugement, une opinion juste
7. le précédent	g. l'exemple antérieur
8. évident	h. une calamité
9. une catastrophe	i. l'argent qu'on reçoit, les recettes
10. le risque	j. faire disparaître

Exercice 4   True or false?

1. Une inondation, un ouragan, un tremblement de terre et une tornade sont des exemples d'une catastrophe naturelle.
2. Dans une entreprise il est absolument impossible de contrôler le facteur risque.
3. Bien qu'il soit possible de minimiser le facteur risque, il est impossible de l'éliminer complètement.
4. Les catastrophes naturelles causent beaucoup de destruction.
5. Les entreprises de fabrication ne doivent jamais tester les matériaux qu'elles utilisent dans la fabrication de leurs produits.
6. On hésite de faire ce qui peut encourir un très grand risque.
7. Les précédents n'entrent jamais dans la prise de décisions qui affectera l'avenir.
8. La capacité de payer ses dettes est garantie si l'individu ou l'entreprise a fait de mauvais investissements.

Exercice 5   Match the English word or expression in Column A with its French equivalent in Column B.

A	B
1. to launch a product	a. une réussite
2. success	b. un échec
3. failure	c. dégager des fonds
4. to run, incur	d. escompté
5. expected, desired, projected	e. le prêt
6. to return	f. lancer un produit
7. to release funds	g. les frais
8. creditor	h. rapporter
9. bond	i. courir
10. loan	j. la baisse
11. to get into debt	k. les données
12. receipts	l. le créancier
13. expenses	m. s'endetter
14. drop, decrease, lowering	n. l'obligation
15. data	o. les recettes

Exercice 6   Select the appropriate word to complete each statement.

1. Le service du marketing a la responsabilité de _____ un nouveau produit.
   a. fabriquer   b. lancer   c. garantir
2. Si le produit est _____, la société réalisera un profit.
   a. un lancement   b. un échec   c. une réussite
3. Mais il y a toujours le risque que ce sera _____.
   a. un lancement   b. un échec   c. une réussite
4. Comme la réussite n'est jamais garantie, il est possible de ne pas réaliser les bénéfices _____.
   a. corporels   b. escomptés   c. garantis
5. Les mauvais investissements ne _____ pas de bénéfices.
   a. rapportent   b. minimisent   c. baissent
6. Une entreprise s'est endettée envers ses _____.
   a. actionnaires   b. créanciers   c. produits
7. Il faut _____ les fonds à la date d'échéance de l'obligation.
   a. rapporter   b. courir   c. dégager
8. Il est vraiment impossible de bien gérer une entreprise sans _____ des risques.
   a. lancer   b. courir   c. dégager

Exercice 7   Give the word being defined.

1. les dépenses
2. l'information
3. une diminution

4. un succès
5. une faillite
6. emprunter de l'argent
7. les revenus

Exercice 8   Match the English word or expression in Column A with its French equivalent in Column B.

A	B
1. risk factor	a. le risque imprévisible
2. speculative risk	b. l'accident corporel
3. pure risk	c. le facteur risque
4. unforeseeable risk	d. le risque global
5. financial risk	e. la perte de propriété
6. total risk	f. le risque d'exploitation
7. property loss	g. le décès
8. loss of key personnel	h. le risque financier
9. death	i. la perte de personnel clé
10. bodily injury	j. le risque à l'état pur

Exercice 9   Match the English word or expression in Column A with its French equivalent in Column B.

A	B
1. manufacturing defect	a. l'incendie
2. fire	b. trafiquer
3. theft	c. le défaut de fabrication
4. packaging	d. payer une amende
5. to tamper with	e. blesser
6. to watch closely	f. l'emballage
7. to supervise	g. surveiller
8. to pay a fine	h. veiller à
9. to injure, wound	i. la perte de revenu
10. loss of income	j. le vol

Exercice 10   Complete each statement with the appropriate word(s).
1. Peu importe ce qu'on fait. Il existe toujours un _____.
2. Un risque qu'on ne croyait pas devoir encourir est un risque _____.
3. Un incendie peut causer une perte _____.
4. La possibilité de la perte de revenu est un _____.
5. Les fabricants doivent _____ de très près la fabrication pour éviter un défaut ou des défauts de fabrication.
6. Il faut surveiller soigneusement l'emballage. Il y a eu des cas où l'on a _____ une boîte pour empoisonner ce qu'elle contenait.
7. L'_____ peut être une catastrophe imprévisible ou un crime volontaire.

Exercice 11 Give the word being defined.
1. la façon d'empaqueter une marchandise
2. un délit commis contre la propriété privée; l'action de prendre ce qui ne vous appartient pas (n'est pas à vous)
3. une imperfection effectuée pendant la production
4. la mort d'une personne
5. faire du mal, causer une fracture ou une contusion
6. les gestionnaires ou employés très importants
7. payer pour un crime ou délit avec de l'argent
8. exercer une garde

Exercice 12 Match the English word or expression in Column A with its French equivalent in Column B.

A	**B**
1. insurance company	a. la prime
2. insurance policy	b. assurable
3. premium	c. une compagnie d'assurance
4. the insured	d. l'assuré(e)
5. insurer	e. assurance contre l'incendie
6. life insurance	f. une police d'assurance
7. fire insurance	g. assurance-vie
8. to insure	h. assurer
9. insurable	i. assureur

Exercice 13 Complete each statement with the appropriate word(s).
1. Il est possible de s'_____ contre les catastrophes naturelles.
2. L'_____ peut utiliser des données fondées sur des précédents pour déterminer la prime d'une police d'assurance.
3. Les _____ paient les primes.
4. Chaque assuré(e) est titulaire d'une _____ d'assurance.
5. _____ protège contre la destruction causée par le feu.
6. Prudential Life est une grosse _____.

COMPREHENSION

Exercice 1 True or false?
1. Toute entreprise sait avant de lancer un produit s'il va être une réussite ou un échec.
2. Tous les capitaux investis rapportent toujours les bénéfices escomptés.
3. Il y a des risques qui offrent la probabilité de réaliser un profit.
4. Une entreprise financée par des emprunts contrôle les bénéfices d'exploitation.
5. Plus l'entreprise s'est endettée, plus le risque financier est élevé.

6. Pour analyser ou déterminer le risque, le gestionnaire peut utiliser son jugement et des données fondées sur des précédents.
7. Une baisse des recettes ou une augmentation des frais causera une perte de propriété.
8. On peut éliminer quelques risques mais pas tous.
9. On peut s'assurer contre n'importe quel risque.

Exercice 2   Match the term in Column A with its description in Column B.

A	B
1. le risque financier	a. le risque le plus évident
2. la perte de propriété	b. le risque qu'on aurait de la peine à prévoir
3. un système d'extinction automatique	c. la possibilité de ne pas pouvoir dégager les fonds pour payer les dettes
4. le risque d'exploitation	d. ce que causera un tremblement de terre ou une tornade
5. une blessure	e. ce que causera un accident corporel
6. le risque à l'état pur	f. ce que peut causer un accident grave
7. un décès	g. ce qui minimisera le risque de destruction par incendie

Exercice 3   Answer.
1. Pourquoi l'entreprise doit-elle tester tous les matériaux employés (utilisés) dans la fabrication de ses produits?
2. Pourquoi le gestionnaire doit-il identifier les éventuels défauts de fabrication?
3. Comment le gestionnaire peut-il minimiser le facteur risque?
4. Comment l'entreprise peut-elle ou doit-elle financer les risques?
5. Quels risques peuvent être assurés?
6. Quels risques ne peuvent pas être assurés?

Chapitre 12
LES ASSURANCES

Le concept d'assurance est vieux comme le monde. Les hommes des cavernes s'entraidaient en cas de danger. Au cours des âges, les hommes ont emmagasiné des vivres pour ne pas mourir de faim en cas de famine. Si la maison de l'un d'entre eux prenait feu, ils venaient tous à la rescousse pour essayer de maîtriser l'incendie. Petit a petit, ce genre de coopération volontaire s'est transformé en mutuelles, des groupes de gens qui s'assurent réciproquement contre certains risques, moyennant le paiement d'une cotisation. Puis vinrent[1] les sociétés d'assurance modernes, gérées comme des entreprises commerciales.

Le but des compagnies d'assurance est d'offrir une protection financière. La façon de déterminer le montant des primes est basée sur le calcul des probabilités. Par exemple, le risque d'incendie est plus grand pour une maison en bois que pour une maison en pierre. Les personnes qui calculent combien il peut y avoir de morts, d'incendies, d'accidents au cours d'un an s'appellent «les actuaires». C'est sur leurs calculs que sont basées les primes d'assurance. C'est ensuite à l'assureur de décider contre quels risques le client pourra être assuré et quelles seront les clauses de la police d'assurance. Pour calculer les probabilités de perte, les actuaires se basent sur le fait que plus le nombre des assurés est grand, plus leurs prévisions quant aux pertes probables seront exactes. Les compagnies d'assurance indemnisent un assuré en utilisant l'argent qui provient des primes qu'ont payées tous les autres assurés.

Le schéma de la page 80 indique que si 100 assurés paient chacun 400 dollars comme prime d'assurance, l'assureur peut payer l'un d'entre eux 40 000 dollars en cas d'incendie.

Les assureurs

Quand on pense assurance, on pense à une compagnie privée. En fait, aux Etats-Unis l'assureur le plus important est le gouvernement fédéral: 47% du montant total des primes d'assurance. La plupart des programmes du gouvernement visent à protéger les gens contre une perte de revenu due à un certain nombre de facteurs: la vieillesse, la maladie, l'invalidité, le chômage, les accidents du travail. Aux Etats-Unis, la Sécurité Sociale couvre 9 employés sur 10. Une quote-part est payée par les employés aussi bien que par les employeurs pour garantir à chaque retraité une pension décente et des soins médicaux. De nos

---

[1]*came*

jours, on compte qu'il y a trois travailleurs qui contribuent à l'entretien d'un retraité. Néanmoins, en l'an 2000, la proportion ne sera plus que de 2 à 1.

Il y a à peu près 5 000 compagnies d'assurance privées aux Etats-Unis. Il s'agit soit de sociétés par actions (donc à but lucratif), soit de mutuelles, des coopératives à but non-lucratif qui s'assurent elles-mêmes contre des risques bien déterminés et dont les membres paient une cotisation.

Les genres d'assurance

Un type très commun d'assurance est l'assurance de responsabilité civile. L'assureur paie un tiers lésé par l'assuré. Ces assurances sont de différentes sortes: les assurances professionnelles (médecins, chefs d'entreprise s'assurant contre les risques causés par eux-mêmes ou leurs employés); les assurances automobile tous risques; les assurances diverses contre les accidents, les incendies, les vols, etc. La plupart de ces assurances contiennent une franchise, c'est-à-dire un montant que l'assureur déduit de l'indemnité.

L'assurance-vie aussi est très commune. Le souscripteur paie les primes et nomme un bénéficiaire qui à son décès touche l'argent qui lui est dû.

Bien que le gouvernement assume une grande part dans le domaine de l'assurance aux Etats-Unis, il y a encore beaucoup à faire lorsqu'il s'agit d'assurance médicale, par exemple. Plusieurs projets d'assurance médicale nationale sont actuellement à l'étude.

ETUDE DES MOTS

Exercice 1   Study the following cognates that appear in this chapter.

la famine	le nombre	transformer
la coopération	le facteur	déterminer
le risque	la pension	calculer
le paiement	le bénéficiaire	indemniser
la protection financière		protéger
la probabilité	volontaire	garantir
l'actuaire	réciproquement	contribuer
le client	privé	
la clause	décent	
le gouvernement fédéral		

Exercice 2   Match the word in Column A with its definition in Column B.

A	B
1. l'assuré	a. situation où il n'y a rien à manger
2. volontaire	b. sans contrainte
3. indemniser	c. changer
4. la pension	d. entre deux personnes, mutuellement
5. réciproquement	e. le client d'une compagnie d'assurance
6. la famine	f. allouer de l'argent à quelqu'un pour
7. décent	lui permettre de récupérer ses pertes
8. transformer	g. le danger, l'inconvénient
9. le risque	h. du gouvernement à Washington
10. fédéral	i. revenus qu'on touche à sa retraite
	j. adéquat

Exercice 3   Give the word being defined.

1. l'action de payer
2. donner de la compensation d'une perte ou d'un dommage
3. faire des calculs; ajouter, rester, multiplier, diviser
4. particulier, pas public
5. la personne qui recevra les bénéfices d'une police d'assurance
6. assurer, certifier

Exercice 4   Match the English word or expression in Column A with its French equivalent in Column B.

A	B
1. insurance	a. assurer
2. insured	b. la cotisation
3. insurer	c. le montant des primes
4. insurance company	d. l'assurance
5. to insure	e. être assuré(e)
6. to be insured	f. la franchise

7. insurance policy	g. la société à but non-lucratif
8. actuary	h. l'assuré(e)
9. subscriber	i. la société à but lucratif
10. deductible amount	j. l'actuaire
11. premium amount	k. la quote-part
12. contribution	l. l'assureur
13. share	m. le bénéficiaire
14. stock company	n. la compagnie d'assurance
15. profit-making company	o. la mutuelle
16. mutual company	p. le souscripteur
17. nonprofit company	q. la société par action
18. beneficiary	r. la police d'assurance

Exercice 5   Complete each statement with the appropriate word(s).

1. Le client de la compagnie d'assurance est _____.
2. La compagnie est _____ et le client est _____.
3. L'assuré a une _____ d'assurance.
4. L'assuré paie une _____, souvent trimestriellement.
5. Ce sont les _____ qui déterminent les primes.
6. Un autre mot ou terme qui veut dire «l'assuré» ou «le client d'une société d'assurance» est _____.
7. _____ recevra les bénéfices d'une police d'assurance.
8. _____ est le montant (la somme) que la compagnie d'assurance ne paiera pas. C'est la somme que l'assuré doit payer lui-même en la déduisant de la totalité de la perte.

Exercice 6   Match the word or expression in Column A with its definition in Column B.

A	B
1. une société par action	a. une société collective
2. le souscripteur	b. une compagnie que veut rapporter des bénéfices
3. une mutuelle	c. une compagnie qui émet des actions
4. la prime	d. la contribution, la quote-part
5. la cotisation	e. l'assuré
6. une société à but lucratif	f. la somme que l'assuré doit (paie) à l'assureur

Exercice 7   Match the English word or expression in Column A with its French equivalent in Column B.

A	B
1. old age	a. le chômage
2. disability	b. la vieillesse
3. illness	c. l'assurance automobile tous risques

4. unemployment
5. work-related accidents
6. medical care
7. liability insurance
8. full-coverage auto insurance
9. accident insurance
10. fire insurance
11. theft insurance
12. life insurance
13. death
14. loss

d. l'assurance contre le vol
e. l'assurance-vie
f. l'invalidité
g. l'assurance contre les accidents
h. la perte
i. la maladie
j. la mort, le décès
k. les soins médicaux
l. les accidents du travail
m. l'assurance de responsabilité civile
n. l'assurance contre l'incendie

Exercice 8   Tell what type of insurance the individual wants or needs.
1. contre un acte de possible négligence de ma part
2. si par hasard je n'ai pas de travail
3. si j'ai un accident au bureau ou à l'usine
4. si je meurs
5. s'il faut aller chez le médecin ou à l'hôpital
6. si je ne peux plus travailler
7. s'il y a un incendie
8. si quelqu'un me prend quelque chose de valeur
9. pour que j'aie de l'argent pour vivre quand je serai âgé(e)
10. si j'ai n'importe quel type de petit accident

Exercice 9   Match the English word or expression in Column A with its French equivalent in Column B.

A

1. to help one another
2. to store
3. to catch fire
4. to get under control
5. to collect
6. to target
7. injured, wronged

B

a. prendre feu
b. maîtriser
c. viser
d. s'entraider
e. emmagasiner
f. lésé
g. toucher

Exercice 10   Give the word being defined.
1. s'aider mutuellement
2. contrôler, contenir par la force
3. avoir en vue un objectif ou un résultat
4. recevoir
5. brûler, exploser
6. accumuler, mettre en réserve
7. à qui on a fait du tort

Exercice 11   Complete each statement with the appropriate word(s).

1. Beaucoup de gens _____ des vivres si par hasard il y a une catastrophe et on ne peut rien acquérir (obtenir).
2. C'est le bénéficiaire d'une police d'assurance-vie qui _____ les bénéfices.
3. Pour les autres types de polices, c'est souvent l'individu _____ qui touche les bénéfices.
4. Tout le monde doit _____.
5. Si sa maison _____, les pertes sont couvertes par les assurances contre l'incendie.

COMPREHENSION

Exercice 1   True or false?

1. Le concept d'assurance est assez récent.
2. Même dans les cultures primitives, les gens venaient à la rescousse si par hasard la maison de l'un d'entre eux prenait feu.
3. L'assuré décide contre quels risques il pourra être assuré.
4. Toutes les compagnies (sociétés) d'assurance sont privées.
5. Les sociétés par action sont des sociétés à but lucratif.
6. Les mutuelles sont également des sociétés à but lucratif.

Exercice 2   Answer.

1. Comment les premières mutuelles se sont-elles formées?
2. Quel est le but des compagnies d'assurance de nos jours?
3. Comment le montant des primes est-il déterminé?
4. Qui sont les actuaires?
5. Comment les compagnies d'assurance indemnisent-elles les assurés?
6. La plupart des programmes du gouvernement sont destinés à protéger le public contre quelles sortes de risques?
7. Comment la Sécurité Sociale est-elle payée?
8. Comment les mutuelles fonctionnent-elles?

Exercice 3   Tell the type of insurance policy you want.

1. Je voudrais être assuré(e) contre les pertes que j'aurais si j'avais un accident d'automobile.
2. Je voudrais pouvoir être indemnisé(e) pour les pertes que j'aurais si ma maison prenait feu.
3. Je voudrais laisser de l'argent à mes enfants après ma mort.
4. Je voudrais des assurances qui me paieraient (m'indemniseraient) si je perdais mon travail.

Chapitre 13
LE MARCHE
INTERNATIONAL

Ford a des usines en Espagne, en Grande-Bretagne, en Allemagne et au Mexique et dans beaucoup d'autres pays. Honda fabrique des automobiles aux Etats-Unis. Il y a des hôtels nord-américains en Europe et au Japon, comme il y a des hôtels japonais et européens aux Etats-Unis. Parmi les 50 plus grandes compagnies du monde, 33 sont japonaises, 14 sont nord-américaines et 3 sont britanniques.

Les transactions internationales

Une grande proportion des bénéfices des grosses sociétés des Etats-Unis provient du commerce international. A lui seul, l'achat d'actifs immobilisés à l'étranger par des entreprises nord-américaines est passé d'environ 12 000 millions de dollars en 1950 à 300 000 millions de dollars récemment. L'objectif des entreprises est le même dans le contexte international que dans le contexte national, c'est-à-dire de maximiser la valeur. Il s'agit d'acheter des actifs qui valent plus que le prix qu'on a payé, et de payer en émettant des titres qui valent moins que la somme d'argent qu'on a reçue pour eux.

Ce qui complique ces transactions, c'est qu'elles se font en utilisant des devises diverses de valeurs différentes. Le fait que ces valeurs changent fréquemment représente un facteur de risque supplémentaire.

Le taux de change indique la relation qui existe entre les monnaies de différents pays. Sur le marché des devises, il y a un taux de change pour le jour même (en réalité, 2 jours) et pour les jours qui suivent (une durée de 30, 90 ou 180 jours). Dans ce dernier cas, on prend en considération les variations possibles du taux de change et du taux d'intérêt. L'échange de devises se fait dans le cadre d'un marché qui n'existe physiquement que dans les grandes banques centrales et commerciales. Les entreprises effectuent leurs échanges dans ces banques par l'intermédiaire du téléphone, du télex ou du télécopieur («fax»). Les deux grands centres pour l'échange de devises sont Londres et Tokyo. Tous les jours, plus de 200 000 millions de dollars en devises sont échangées dans ces deux centres. Les entreprises s'appuient sur les prévisions du change pour se protéger contre des pertes causées par d'éventuelles fluctuations des taux de change. Ces fluctuations peuvent résulter des fluctuations des taux d'intérêt, ou bien de l'inflation ou encore d'événements politiques.

Les importations et les exportations—la balance des paiements

Les termes «achats» et «ventes», activités de base de tout commerce, se traduisent, au niveau international, par les termes «importations» et «exportations».

La balance des paiements indique le flux d'argent qui entre dans un pays grâce en particulier aux exportations, et le flux qui en sort, à cause en particulier des importations. La balance des paiements est donc le tableau généralement annuel où sont relevées toutes les opérations économiques d'un pays avec les autres pays et les institutions internationales.

Ces opérations sont groupées en deux comptes, le compte des opérations courantes, qui représente la balance commerciale, et le compte des opérations en capital. Le compte des opérations courantes fait état d'une part des échanges visibles, comme les importations et exportations de biens, et d'autre part des échanges invisibles comme le tourisme, les services bancaires, etc. Le compte de capital fait état du flux d'investissements ainsi que d'autres flux de capitaux tels que les prêts et les dons.

Il est évident que tous les pays veulent avoir une balance des paiements favorable. Les avantages en sont: une diminution du chômage et un taux d'emploi plus élevé, une augmentation des bénéfices, de la croissance économique, des revenus disponibles pour payer les impôts au gouvernement, ainsi que la possibilité d'importer davantage. Mais la plupart de pays ont une balance des paiements déficitaire. Actuellement, les Etats-Unis exportent 10% de leur production mais ils importent plus qu'ils n'exportent. Le résultat en est une balance des paiements déficitaire.

Le problème du déficit

La façon traditionnelle dont un pays tente de réduire son déficit, c'est d'augmenter les exportations et de diminuer les importations. Pour arriver à ses fins, le gouvernement peut prendre des mesures. Il peut soumettre les importations à des taxes, ce tarif ayant le double effet de rapporter des fonds au gouvernement et de ralentir les importations. Le gouvernement peut aussi établir des quotas pour l'exportation de certains biens. Ces quotas limitent la quantité d'un certain produit que l'on peut importer. On dit de ces mesures qu'elles sont protectionnistes. D'après certains, elles sont nécessaires pour protéger les industries vitales du pays, pour augmenter le taux d'emploi, pour diversifier l'industrie nationale et pour protéger la main-d'œuvre nationale contre la main-d'œuvre étrangère meilleur marché.

Les entreprises multinationales

De nos jours, le commerce international est d'importance majeure. Exporter ne suffit plus, il faut être physiquement présent dans beaucoup de pays. Ainsi, de nombreuses grosses sociétés sont devenues multinationales. Celles-ci se sont implantées à l'étranger pour plusieurs raisons: pour éviter les tarifs d'importation et profiter des zones de libre-échange, pour réduire le coût de production en embauchant une main-d'œuvre bon marché, pour minimiser le coût du transport et profiter des matières premières du pays et pour s'ouvrir de nouveaux marchés.

Les rapports entre la société-mère et les filiales implantées à l'étranger varient selon les sociétés. Pour certaines d'entre elles, la direction est centralisée, c'est-à-dire qu'elle est aux mains de la société du pays d'origine. Pour d'autres, les filiales sont pratiquement autonomes et sont administrées par des ressortissants du pays où elles se sont installées. Les filiales peuvent vendre plus ou moins de la même façon le même produit dans plusieurs pays. Elles peuvent également se charger d'un stade bien précis de la production, alors que le produit fini sera assemblé ailleurs. Dans le cas de l'automobile et de l'informatique, par exemple, le produit fini peut très bien voir le jour dans un pays industrialisé alors que certains stades intermédiaires de la production ont eu lieu dans un pays en voie de développement.

Depuis une vingtaine d'années, on assiste à un essor fulgurant du commerce international. Pour beaucoup de grosses sociétés, une grande partie des revenus provient d'investissements à l'étranger. Ce phénomène a aussi l'effet d'uniformiser le monde, pour le meilleur ou pour le pire.

ETUDE DES MOTS

Exercice 1   Study the following cognates that appear in this chapter.

la proportion	le terme	favorable
le commerce international	le flux	protectionniste
l'objectif	le déficit	autonome
le contexte	la taxe	
la transaction	le quota	maximiser
le facteur de risque		compliquer
la relation	international	changer
la variation	multinational	représenter
la banque centrale	national	indiquer
le télex	visible	exporter
le télécopieur (le fax)	invisible	importer
l'importation	déficitaire	limiter
l'exportation	excédentaire	minimiser

Exercice 2   Match the word in Column A with its equivalent in Column B.

A	B
1. l'objectif	a. toute opération commerciale
2. le commerce	b. être
3. international	c. le pourcentage, la part
4. multinational	d. entre nations
5. la transaction	e. qui concerne plusieurs nations
6. changer	f. transformer
7. exister	g. le but
8. la variation	h. l'impôt
9. le quota	i. l'affaire
10. la taxe	j. le changement de la valeur

Exercice 3   Match the word in Column A with its opposite in Column B.

A	B
1. excédentaire	a. maximiser
2. minimiser	b. invisible
3. le déficit	c. international
4. importer	d. déficitaire
5. l'importation	e. faciliter
6. visible	f. exporter
7. compliquer	g. l'excédent
8. national	h. l'exportation

Exercice 4   Complete each statement with the appropriate word(s).

1. Il y a _____ dans la balance des paiements quand il existe plus d'importations que d'exportations.
2. _____ sont les ventes des produits ou des biens à l'étranger.
3. _____ sont les achats des produits ou biens à l'étranger.
4. _____ est un fax.
5. _____ est la limite d'un bien qu'on peut importer.
6. L'établissement des quotas est un exemple d'une politique commerciale _____.

Exercice 5   Match the English word or expression in Column A with its French equivalent in Column B.

A	B
1. currency, money	a. le libre-échange
2. foreign currencies	b. le marché de devises
3. exchange rate	c. la monnaie
4. foreign exchange market	d. le taux d'intérêt
5. trade	e. le taux de change
6. trade balance	f. la taxe, le droit de douane
7. free trade	g. l'échange
8. duty-free zone	h. les devises
9. duty	i. la zone hors taxes
10. interest rate	j. la balance commerciale

Exercice 6   Match the English word or expression in Column A with its French equivalent in Column B.

A	B
1. forecast, projection	a. l'échange visible
2. loan	b. le prêt
3. grant	c. la prévision
4. visible trade	d. le compte des opérations en capital
5. invisible trade	e. le don
6. current account	f. le compte des opérations courantes
7. capital account	g. l'échange invisible
8. statement	h. l'état

Exercice 7   Select the appropriate word(s) to complete each statement.

1. Les monnaies étrangères sont des _____.
   a. pièces   b. espèces   c. devises
2. Le franc est _____ française.
   a. l'espèce   b. la monnaie   c. le billet
3. _____ est à 5 francs le dollar.
   a. Le taux de change   b. Le taux d'intérêt   c. La taxe
4. _____ comprend les relations commerciales entre les nations.
   a. Le commerce national   b. L'échange international
   c. Le compte d'opérations courantes
5. _____ est le commerce entre nations qui n'a ni prohibitions ni droits
   de douane.
   a. L'échange   b. L'échange visible   c. Le libre-échange
6. Beaucoup de pays industrialisés font des _____ à des pays en voie
   de développement.
   a. prêts   b. prévisions   c. devises

Exercice 8   Give the word being defined.

1. la conjecture sur l'avenir, un pronostic, une supposition
2. l'exportation et l'importation des biens tels que les marchandises
   fabriquées, c'est-à-dire des biens qu'on peut voir
3. les transactions internationales qui concernent des services plutôt que des
   biens, par exemple le tourisme et les services bancaires
4. l'argent qu'un individu ou une institution met à la disposition d'un autre à
   un taux d'intérêt déterminé pour une période déterminée
5. la valeur d'une monnaie par rapport à celle d'une autre monnaie
6. ce qu'on donne ou cède à un autre, un bienfait gratuit
7. une région où l'on peut acheter un produit importé sans payer de droits de
   douane

Exercice 9   Match the English word or expression in Column A with its
French equivalent in Column B.

A	B
1. to come from	a. passer à… de
2. to go from . . . to	b. s'appuyer sur
3. to maximize	c. tenter de
4. to minimize	d. provenir
5. to be based on, rely on	e. embaucher
6. to try, attempt	f. maximiser
7. to reduce, lower	g. relever
8. to record, draw up	h. minimiser
9. to curb, curtail	i. réduire
10. to hire, take on	j. ralentir

Exercice 10   Select the appropriate word(s) to complete each statement.
1. Beaucoup des revenus (bénéfices) des grosses entreprises (sociétés) _____ du commerce international.
    a. passent   b. proviennent   c. paient
2. Les pays où existe le libre-échange _____ les quotas.
    a. prévoient   b. ne maximisent pas   c. ne s'appuient pas sur
3. Les quotas _____ les importations.
    a. s'appuient sur   b. embauchent   c. ralentissent
4. Un pays protectionniste veut toujours _____ les importations.
    a. passer   b. relever   c. réduire
5. Les achats à l'étranger sont _____ d'environ 12 000 millions à 300 000 millions de dollars dans une période d'une quinzaine d'années.
    a. réduits   b. passés   c. provenus
6. Les grosses sociétés tentent toujours _____ une main-d'œuvre bon marché.
    a. d'embaucher   b. de minimiser   c. de passer

Exercice 11   Give the word being defined.
1. essayer de
2. rendre moins intense
3. engager un salarié
4. diminuer
5. venir de
6. s'en servir (utiliser) comme un support (soutien)
7. noter, souligner, dresser un état ou un compte
8. porter au maximum

Exercice 12   Match the English word or expression in Column A with its French equivalent in Column B.

A	B
1. raw materials	a. la société-mère
2. available	b. la filiale
3. parent company	c. le ressortissant
4. subsidiary	d. les matières premières
5. stride, a leap forward	e. un essor
6. step, stage	f. disponible
7. national (of a country)	g. en voie de développement
8. developing	h. un stade
9. elsewhere	i. ailleurs

Exercice 13   Match the word or expression in Column A with its opposite in Column B.

A	B
1. un pays industrialisé	a. un ressortissant
2. un étranger, un immigré	b. un essor

3. la société-mère
4. une régression, une diminution
5. les biens fabriqués
6. ici

c. un pays en voie de développement
d. les matières premières
e. la filiale
f. ailleurs

Exercice 14   Complete each statement with the appropriate word(s).

1. Dans beaucoup de pays il n'y a plus de matières premières _____.
2. On embauche les immigrés pour le travail que les _____ refusent
   d'accepter.
3. Souvent les pays _____ fournissent les matières premières et les
   pays _____ fournissent les biens fabriqués.
4. Il n'est pas rare qu'on fabrique les pièces dans un pays pour les assembler
   _____.
5. Il existe beaucoup de _____ dans la production d'une machine
   complexe telle qu'un avion supersonique.

COMPREHENSION

Exercice 1   Answer.

1. D'où provient une grande proportion des bénéfices des grosses sociétés des
   Etats-Unis?
2. Quel est l'objectif des sociétés dans le contexte international?
3. Qu'est-ce qui complique les transactions internationales?
4. Pourquoi les transactions internationales ont-elles un facteur de risque
   supplémentaire?
5. Le marché des devises existe-t-il physiquement comme, par exemple, à
   Wall Street?
6. Comment les entreprises effectuent-elles leurs échanges?
7. Comment les entreprises essaient-elles de se protéger contre les
   fluctuations des taux de change?
8. Qu'est-ce qui influence les fluctuations des taux de change?
9. Pourquoi les pays préfèrent-ils avoir une balance des paiements favorable?
10. Pourquoi la plupart des pays industrialisés ont-ils une balance des
    paiements déficitaires?
11. Quelle est la façon traditionnelle dont un pays tente de réduire son déficit?
12. Pourquoi de nombreuses grosses sociétés sont-elles devenues
    multinationales?
13. Quelle est la différence entre une filiale dont la direction est centralisée et
    celle qui en a une pratiquement autonome?
14. Comment est-il possible qu'un produit passe d'un pays à l'autre avant d'être
    fini et de voir le jour?

Exercice 2   Match the term in Column A with its description in Column B.

A	B

A

1. les importations
2. les exportations
3. la balance des paiements
4. le compte des opérations courantes
5. le compte des opérations en capital
6. les échanges visibles
7. les échanges invisibles
8. les quotas

B

a. les limites établies pour l'importation de certains biens
b. le flux d'argent qui entre dans un pays et qui sort du pays
c. les achats à l'étranger
d. l'état du flux d'investissements et d'autres flux de capitaux entre des pays
e. les biens fabriqués, les marchandises
f. les ventes à l'étranger
g. le tourisme, les services bancaires, etc.
h. l'état des échanges visibles et invisibles, c'est-à-dire l'exportation et l'importation de biens, le tourisme, etc.

Exercice 3   In your own words, explain each of the following terms.

1. le taux de change
2. les deux grands centres pour l'échange des devises
3. la balance des paiements
4. la balance commerciale
5. le protectionnisme
6. les avantages d'une balance des paiements favorables
7. la société-mère
8. la filiale

Exercice 4   Follow the directions.

1. Donnez quatre objectifs des lois protectionnistes.
2. Donnez quatre raisons pour l'installation (l'implantation) des entreprises à l'étranger.
3. Expliquez comment cette implantation a l'effet d'uniformiser le monde.

NOTE   Le marketing, la publicité et les canaux de distribution font aussi partie des activités commerciales et sont traités dans la deuxième partie de ce livre qui est entièrement consacrée au Marketing.

Deuxième partie ⎯⎯⎯⎯⎯⎯⎯
LE MARKETING

Chapitre 14
QU'EST-CE QUE
LE MARKETING?

Le marketing, un terme très moderne, très souvent utilisé dans le monde des affaires, mais difficile à définir: planification, promotion, publicité, c'est tout cela et bien plus encore. D'une façon générale, le marketing, c'est établir l'existence d'un marché avant de se lancer dans la création d'un produit ou d'un service. Dans notre société moderne, la capacité de production est souvent supérieure à la demande. Il est donc nécessaire d'étudier les diverses possibilités du marché avant de prendre une décision quant à la création d'un produit.

Le rôle du marketing dans l'économie

L'importance du marketing dans l'économie actuelle ne cesse de grandir. On estime que, généralement, à peu près 50% du prix que paie le consommateur absorbe le coût de marketing (ce pourcentage est plus élevé pour certaines industries, comme celle du vêtement, par exemple). Cela ne veut pas dire que sans marketing, le consommateur paierait moins cher. En effet, le marketing permet d'établir non seulement les besoins des consommateurs, mais aussi les coûts de production les plus rentables en identifiant certains facteurs tels que la quantité et le degré de qualité adéquats ainsi que les meilleurs points de vente.

De plus, le nombre des emplois en marketing augmente très rapidement dans les pays industrialisés aussi bien que dans les pays en voie de développement. Dans les pays industrialisés, le problème majeur est, non pas la fabrication, mais la distribution. La capacité de production est immense, mais il faut vendre le produit et... faire un bénéfice! Pour les pays en voie de développement, le problème est différent: le rôle du marketing est fort nécessaire, mais il est souvent négligé par les dirigeants de ces pays qui consacrent leurs efforts presque entièrement à l'acquisition de capitaux étrangers pour développer leur économie.

Les fonctions du marketing

Si le marketing est encore considéré par certains comme un gaspillage[1] d'argent parce qu'en fait il ne crée aucun produit, l'importance de son rôle est néanmoins comprise par la plupart.

Quelles sont les tâches du service du marketing dans une entreprise? Examinons chacune de ces tâches.

---

[1]*waste*

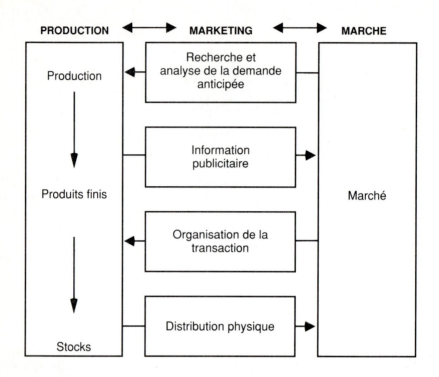

L'anticipation de la demande—recherche et évaluation Avant de créer un produit ou un service, il faut d'abord identifier les besoins des consommateurs; c'est-à-dire identifier non seulement les personnes à qui on pourra vendre le produit ou le service, mais aussi tout ce qui touche ces personnes dans leur environnement socio-économique ou même culturel. C'est alors qu'on peut entreprendre la conception d'un produit ou d'un service.

La promotion Il faut ensuite étudier la meilleure façon de faire connaître au public visé l'existence et les caractéristiques du produit. C'est le moment où l'on prend en considération le rôle que vont jouer les différents services suivants: publicité, promotion des ventes et relations de presse.

L'organisation de la promotion La tâche suivante est de décider dans quels magasins les consommateurs à qui le produit est destiné ont tendance à faire leurs achats; non seulement le genre de ces magasins, mais aussi les endroits où ils sont situés. De plus, il faut aussi décider si certains services complémentaires sont nécessaires et si oui, lesquels.

La distribution Il faut finalement décider quel est le moyen le plus rentable de transporter le produit fini du fabricant à l'entrepôt, et de l'entrepôt aux magasins où le produit sera vendu.

Le marketing joue donc un rôle très important dans l'économie: celui de concilier les besoins des consommateurs et ceux de l'entreprise.

ETUDE DES MOTS

Exercice 1 Study the following cognates that appear in this chapter.

le marketing	la distribution	diverse
la fonction	l'acquisition	adéquat
le rôle	la capacité	majeur
la promotion	la tendance	immense
la publicité	la demande	anticipé
la création	l'anticipation	socio-économique
le service	l'évaluation	
le produit	la conception	utiliser
la possibilité	l'existence	définir
l'importance	la caractéristique	permettre
le facteur	le public	identifier
la quantité	l'entreprise	concilier
le degré	l'industrie	transporter
le pourcentage	l'environnement	créer
la fabrication		augmenter

Exercice 2 Match the verb in Column A with its noun form in Column B.

A	B
1. fabriquer	a. le transport
2. créer	b. l'existence
3. produire	c. la fabrication
4. distribuer	d. la planification
5. demander	e. la distribution
6. anticiper	f. l'utilisation
7. exister	g. la demande
8. utiliser	h. la création
9. transporter	i. la production
10. planifier	j. l'anticipation

Exercice 3 Match the word in Column A with its equivalent in Column B.

A	B
1. la proportion	a. très grand
2. la quantité	b. la fonction
3. immense	c. très important
4. adéquat	d. le pourcentage
5. le rôle	e. l'idée, l'opinion
6. la conception	f. suffisant
7. diverse	g. devenir ou rendre plus grand
8. augmenter	h. le nombre
9. majeur	i. différent
10. la capacité	j. l'aptitude, la compétence

Exercice 4   Select the appropriate word(s) to complete each statement.
1. Deux _____ du marketing sont la planification et la promotion.
   a. fonctions   b. évaluations   c. conceptions
2. Avant de créer un produit, il faut _____ l'existence d'un marché.
   a. concilier   b. définir   c. déterminer
3. Et il faut anticiper la _____ du produit.
   a. conception   b. demande   c. distribution
4. Il faut identifier les personnes à qui on vendra le produit; c'est-à-dire
   identifier _____ qui se servira du produit.
   a. le public   b. l'entreprise   c. l'industrie
5. Après avoir déterminé la demande pour le produit, on peut établir
   _____ du produit qu'on vendra.
   a. la qualité   b. le degré   c. la quantité
6. Un moyen de faire connaître au public l'existence du produit, c'est
   _____.
   a. la distribution   b. la publicité   c. le service
7. _____ est un facteur majeur dans la distribution d'un produit.
   a. La demande   b. Le transport   c. L'acquisition

Exercice 5   You are about to plan a new product. Put the following marketing tasks in a logical order.
1. la vente
2. la création
3. la promotion
4. la planification
5. la distribution
6. la fabrication

Exercice 6   Match the English word or expression in Column A with its French equivalent in Column B.

A	B
1. service; department	a. le service
2. market	b. la publicité
3. sales	c. le marché
4. sales promotion	d. le coût
5. points of sale	e. la vente
6. research	f. les points de vente
7. cost	g. la fabrication
8. profit	h. un entrepôt
9. manufacture	i. la recherche
10. manufacturer	j. la tâche
11. consumer	k. le fabricant
12. profitable	l. la promotion de ventes
13. advertising	m. le bénéfice

14. warehouse
15. business world
16. task, job

n. le monde des affaires
o. rentable
p. le consommateur

NOTE The word **le service** can mean either "department" or "service," depending upon the context.

Il faut offrir des services aux clients.
C'est la responsabilité du service du marketing.

Exercice 7 Give the word being defined.
1. le profit réalisé par une entreprise
2. le prix, la dépense
3. la personne qui se sert d'un produit
4. le public auquel le produit est destiné
5. qui rend des bénéfices
6. l'action de faire des recherches pour déterminer quelque chose avant de prendre une décision
7. l'action de faire un produit
8. les efforts qu'on fait pour vendre quelque chose
9. les endroits où l'on vend un produit
10. lieu où l'on met pour une période de temps temporaire des marchandises avant de les distribuer
11. l'ensemble des moyens qu'on emploie pour faire connaître l'existence du produit et encourager sa vente: les annonces dans les journaux, les magazines, à la radio, à la télévision

Exercice 8 Identify the person in Column A with the activity in Column B.

A	B
1. le fabricant	a. personne qui fait de la publicité
2. le publicitaire	b. personne qui vend des marchandises
3. le distributeur	c. personne qui fabrique des produits
4. le marchand	d. personne qui s'occupe de la distribution des biens
5. le consommateur	e. personne qui achète des marchandises pour son usage personnel

COMPREHENSION

Exercice 1 True or false?
1. Le marketing existe depuis des siècles.
2. C'est le marketing qui établit l'existence d'un marché.
3. On établit l'existence du marché après avoir créé un nouveau produit ou service.

4. Le coût du marketing représente un pourcentage minimum du prix que le consommateur paie pour un produit.
5. Le fabricant, c'est le producteur d'un bien.
6. Le responsable du marketing, c'est aussi le producteur d'un bien.
7. Le marketing joue un rôle important dans l'économie d'une nation.
8. Le marketing identifie aussi les mœurs *(customs)* des personnes pour qui on crée le produit.
9. Il n'est pas important de préciser dans quel genre de magasin on vendra un produit.
10. La distribution du produit est aussi une responsabilité du service du marketing.

Exercice 2   Answer.
1. D'une façon générale, qu'est-ce que le marketing?
2. Qu'est-ce que le marketing fait avant de prendre la décision de créer un produit?
3. Il y a des gens qui considèrent le marketing comme un gaspillage d'argent. Pourquoi?
4. Quelles sont les tâches du responsable du marketing pour anticiper la demande d'un nouveau produit?
5. Que faut-il savoir du public auquel on pense destiner le produit?
6. Quelle est la fonction la plus importante du service du marketing?

Chapitre 15
LES VARIABLES
DU MARKETING

Pour élaborer une stratégie de marketing, le responsable de ce service doit considérer certains facteurs sur lesquels il peut exercer un contrôle (les variables contrôlables du marketing): le produit, la place, la promotion, le prix, et d'autres sur lesquels il ne peut pas exercer de contrôle (les variables incontrôlables du marketing): l'environnement et ses différents éléments qui évoluent et dont le gestionnaire doit prévoir les changements.

Le marketing mix—les quatre P

Les quatre variables contrôlables du marketing sont, comme nous l'avons dit, les quatre P du marketing mix: produit, place, promotion, prix. «Marketing mix», parce qu'il s'agit de bien doser chacun pour qu'une fois mélangés, ils donnent la formule parfaite pour la stratégie à suivre.

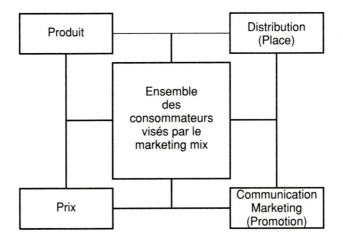

Le produit La première décision à prendre est de déterminer quel produit satisfera le mieux les consommateurs à qui il est destiné. Pour cela il faut considérer les éléments suivants:

- le genre de produits ou de services à développer (modèles, qualité, type de matériau)
- le genre d'emballage, d'étiquette; la rédaction du mode d'emploi
- le nom de la marque
- le service après-vente: garanties, réparations
- les stratégies de lancement de nouveaux produits
- les programmes de recherche et de développement

La place: la distribution Il faut ensuite se pencher sur le problème de la distribution du produit. Le responsable du marketing doit prendre des décisions quant aux domaines suivants:

- les canaux de distribution: Comment le produit sera-t-il acheminé du fabricant au consommateur? Passera-t-il par des intermédiaires? Si oui, combien et de quel genre (détaillants ou grossistes)?
- la gestion des opérations: faire en sorte que le réseau de distribution fonctionne d'une façon efficace et que les voies de communication restent ouvertes entre toutes les parties concernées
- l'organisation du transport, de la manutention et de l'entreposage du produit

La promotion Il s'agit maintenant de faire connaître le produit. Encore une série de décisions à prendre quant à la meilleure façon de communiquer avec les consommateurs:

- la voie à choisir—publicité de masse, vente personalisée, promotion des ventes, relations de presse
- le message le plus efficace
- le budget à consacrer à la promotion

Le prix Enfin l'élément qui n'est certainement pas le moins important, le prix. Il faut déterminer le prix qui, d'une part, sera accepté par le consommateur, et d'autre part, permettra à l'entreprise de réaliser un bénéfice acceptable. Les facteurs à prendre en considération sont les suivants:

- le niveau général du prix
- un prix pair ou impair
- les procédures à suivre en cas de changement de prix
- les conditions de paiement, de remboursement et de crédit à offrir

Les quatre P du marketing sont donc coordonnés, dosés avec soin pour arriver à une stratégie... et au succès du produit. Il est évident qu'il n'y a pas qu'une seule formule de marketing mix. Les stratégies sont choisies en fonction de l'objectif que s'est fixé l'entreprise et du marché à conquérir.

L'environnement du marketing

Les différents types d'environnement dans lesquels fonctionne l'entreprise sont les variables incontrôlables du marketing. On en distingue deux sortes: le macro-environnement qui dépend de facteurs socio-économiques, concurrentiels, institutionnels, technologiques et légaux. Le micro-environnement, c'est le consommateur dont il faut étudier et prévoir le comportement pour pouvoir l'influencer le plus efficacement possible. Cet aspect de l'environnement sera étudié dans le chapitre 18.

L'environnement socio-économique Un marché peut se définir en fonction de sa taille, de la répartition de la population, des mouvements de population, des tendances à l'immigration ou l'émigration.

Les facteurs climatiques, économiques, sociaux et culturels sont aussi à prendre en considération. Par exemple, le facteur climat est très important pour des industries comme celles du vêtement. Les saisons affectent la nourriture et les boissons.

Le facteur économique comporte le revenu moyen des consommateurs, leur revenu individuel ou familial, les sources de revenus et leur évolution. La situation économique du pays en général est aussi à prendre en considération: le PNB (produit national brut), s'il y a récession ou expansion, le taux d'inflation, le taux d'intérêt, le taux de chômage et les facilités de crédit.

Le facteur social tel que l'origine ethnique ou religieuse, le taux de natalité, le niveau d'éducation, est également important.

L'environnement concurrentiel Bien connaître la concurrence est essentiel. Cette concurrence se manifeste de différentes façons. A un niveau général, tous les produits sont en concurrence parce que le consommateur choisit de dépenser son argent comme il lui plaît. Il y a aussi concurrence entre produits: on peut se chauffer au gaz ou au mazout[1]. Et puis, il y a concurrence entre produits d'une même marque ou entre différents modèles portant la même marque: on peut choisir entre plusieurs marques de magnétoscopes[2] ou à l'intérieur d'une même marque, choisir un magnétoscope avec ou sans programmation.

De plus, à chaque niveau, il y a plusieurs situations concurrentielles. La concurrence parfaite existe si un grand nombre de concurrents fabriquent tous le même produit et le prix est fixé par le marché. La promotion est inutile parce que toute l'information nécessaire est disponible. C'est le cas, par exemple, du marché des valeurs boursières.

Il y a un monopole si une seule entreprise fournit un produit ou un service au marché. L'entreprise est libre de faire ce qui lui plaît, compte tenu des besoins des consommateurs. En fait, des lois antitrust limitent souvent la formation de monopoles.

Il y a un oligopole si un petit nombre de grandes entreprises offrent des services très peu différents. La concurrence est donc très vive. C'est le cas de l'industrie pétrolière.

La situation concurrentielle la plus courante est la concurrence imparfaite. Chaque entreprise fabrique un produit légèrement différent et essaie de s'assurer le monopole d'un segment du marché.

------

[1]*fuel oil*   [2]*VCR*

L'environnement institutionnel La distribution et la promotion des produits sont assurées par certaines institutions spécialisées, les grossistes, les détaillants et les différents points de vente. Certains types de réseaux se sont établis entre ces institutions et ne peuvent être modifiés. Il est donc important de connaître cette structure et d'en prévoir l'évolution.

L'environnement technologique Toute industrie subit un développement technologique, certains très rapides comme celui de l'industrie électronique, par exemple. Il est donc essentiel de suivre de très près cette évolution et d'agir en conséquence.

L'environnement légal Le responsable du marketing doit évidemment respecter les lois qui régissent la concurrence, assurent la protection des consommateurs et contrôlent les fusions, la fixation des prix de ventes, etc. D'autre part, les consommateurs eux-mêmes essaient de plus en plus d'accroître leurs droits et leurs pouvoirs. Les entreprises doivent donc être conscientes de ce fait.

Le responsable du marketing fait face à de multiples décisions qui doivent être orchestrées judicieusement avant de pouvoir établir une stratégie de marketing efficace.

ETUDE DES MOTS

Exercice 1   Study the following cognates that appear in this chapter.

la variable	le comportement	élaborer
la stratégie	la source	exercer
le contrôle	le revenu	évoluer
l'élément	la situation	satisfaire
la formule	la récession	développer
la promotion	l'expansion	fonctionner
le modèle	l'inflation	communiquer
le matériau	le monopole	influencer
la garantie	la formation	limiter
le développement	la protection	assurer
le problème		
l'intermédiaire	contrôlable	
l'organisation	incontrôlable	
le transport	destiné	
la série	acceptable	
le budget	technologique	
le succès	légal	
l'objectif	économique	

Exercice 2   Match the verb in Column A with its noun form in Column B.

A	B
1. varier	a. l'assurance
2. contrôler	b. le développement
3. formuler	c. la communication
4. garantir	d. la fonction
5. développer	e. le contrôle
6. organiser	f. la satisfaction
7. transporter	g. l'organisation
8. protéger	h. la limite
9. fonctionner	i. la garantie
10. limiter	j. le transport
11. assurer	k. la formule
12. évoluer	l. la variable
13. satisfaire	m. la protection
14. communiquer	n. l'évolution

Exercice 3   Give the word that is being defined.
1. la somme d'argent que gagne une personne ou une entreprise
2. une période de très faible activité économique
3. situation où il y a une hausse générale des prix
4. une période de développement économique favorable
5. une personne qui intervient dans la distribution d'un produit
6. le plan adopté pour atteindre un objectif ou un but
7. la prévision des revenus (recettes) et des dépenses (coûts)
8. ce qui assure la qualité de quelque chose
9. ce qu'on peut imiter
10. le lieu d'où vient quelque chose, lieu de provenance

Exercice 4   Select the appropriate word to complete each statement.
1. Le marchand m'a assuré que c'est de bonne qualité. Il m'a donné
   _____.
   a. une évolution   b. une garantie   c. le matériau
2. C'est un facteur sur lequel il ne peut exercer aucun contrôle. C'est
   complètement _____.
   a. variable   b. contrôlable   c. incontrôlable
3. Le type de _____ est un facteur important dans la fabrication des
   jouets *(toys)* pour les enfants.
   a. modèle   b. matériau   c. organisation
4. Le _____ est un facteur important dans la distribution d'un produit.
   a. succès   b. développement   c. transport

5. Pour avoir du succès, le responsable du marketing doit savoir _____ les besoins des consommateurs.

    a. assurer   b. satisfaire   c. élaborer

6. C'est _____ qui fait connaître le produit.

    a. la promotion   b. le contrôle   c. la formation

Exercice 5   Match the English word or expression in Column A with its French equivalent in Column B.

A	B
1. competition	a. le mode d'emploi
2. competitive	b. la gestion
3. behavior	c. l'étiquette
4. management	d. les canaux de distribution
5. packaging	e. le comportement
6. label	f. le bénéfice
7. wording	g. l'entreposage
8. warehousing	h. la concurrence
9. handling	i. le réseau de distribution
10. directions (how to use)	j. le prix
11. brand, make	k. l'emballage
12. avenues of communication	l. la marque
13. distribution channels	m. concurrentiel
14. distribution system	n. la manutention
15. price	o. les voies de communication
16. profit	p. la rédaction

Exercice 6   Complete each statement with the appropriate word(s).

1. Il faut rédiger le _____ pour qu'il ne soit pas trop difficile à comprendre.

2. Il est important de laisser ouvertes toutes _____ entre toutes les parties concernées. Tout le monde doit se communiquer pour résoudre le problème.

3. Combien coûte le produit, c'est _____.

4. Il existe au moins une centaine de _____ d'automobiles.

5. Le _____ des consommateurs peut influencer la demande et le succès d'un produit.

Exercice 7   Select what is being discussed by the following marketing managers.

      le prix   les canaux de distribution
      la rédaction   l'emballage
      la concurrence   le bénéfice
      la manutention   le mode d'emploi

1. Pas possible! Je t'assure que les clients ne paieront pas autant. C'est vraiment trop cher.

2. Ces mots sont trop difficiles. Personne ne les comprendra.

3. Il est très fragile et pour ça je crois qu'il sera impossible de le laisser quelques jours dans l'entrepôt.
4. C'est très facile à utiliser. Même un petit enfant saurait quoi faire.
5. Je crois qu'on doit le mettre dans une très jolie boîte enveloppée de papier de cadeau.
6. Et maintenant il faut prendre des décisions sur les moyens de le transporter de l'usine à l'entrepôt et de l'entrepôt au consommateur.
7. Ça coûte trop cher, tu sais. Nous aurons (On aura) tellement de frais qu'il n'y aura rien pour l'entreprise. Les gestionnaires ne seront pas contents.
8. Il y a au moins dix compagnies qui vendent le même produit. Très facilement, je peux t'en nommer huit.

Exercice 8   Match the English word or expression in Column A with its French equivalent in Column B.

A	B
1. launch	a. le niveau d'éducation
2. repairs	b. en conséquence
3. retailer	c. la taille
4. wholesaler	d. la fixation des prix de vente
5. size	e. les facilités de crédit
6. sources of income	f. les réparations
7. mean income	g. fournir
8. gross national product	h. le détaillant
9. inflation rate	i. le taux d'inflation
10. unemployment rate	j. la fusion
11. birth rate	k. le revenu moyen
12. education level	l. la valeur boursière
13. credit plan	m. le grossiste
14. stock	n. le produit national brut
15. price fixing	o. le taux de natalité
16. merger	p. le lancement
17. accordingly	q. les sources de revenu
18. to furnish	r. le taux de chômage

Exercice 9   Give the word being defined.
1. la personne qui vend en gros
2. la personne qui vend au détail
3. le pourcentage des gens qui veulent travailler sans pouvoir trouver d'emploi
4. l'action de fixer quelque chose qui est en mauvais état ou en panne
5. l'unité de propriété d'une entreprise qu'on vend ou achète à la Bourse
6. le degré d'instruction qu'une personne a reçu
7. l'action de faire connaître un nouveau produit par des moyens publicitaires
8. la réunion de deux entreprises

COMPREHENSION

Exercice 1   Answer.
1. Quelles sont quelques variables contrôlables du marketing?
2. Qu'est-ce que le «marketing mix»?
3. Avant de décider de créer un produit, quelle est une décision importante à prendre?
4. Quels sont les moyens qu'on peut employer pour faire connaître le produit au public?
5. Pourquoi le prix est-il toujours un élément important?
6. Le comportement du consommateur est une variable contrôlable ou incontrôlable?
7. Comment le climat peut-il influencer la vente d'un produit?
8. Qu'est-ce qu'il faut considérer avant d'établir le prix d'un produit?
9. Pourquoi peut-on dire que tous les produits sont en concurrence?
10. Quelle est une loi importante qui régit la concurrence?

Exercice 2   Explain to which of the four Ps each item refers: **le produit, la promotion, la place, le prix.**
1. comment acheminer (transporter) le produit du fabricant au consommateur
2. ce qu'on va développer
3. les moyens de publicité
4. la rédaction du mode d'emploi
5. l'emballage
6. les facilités de crédit
7. la manutention
8. le budget pour faire connaître le produit
9. le nom de la marque

Exercice 3   True or false?
1. La taille du marché auquel le produit est destiné détermine la vente éventuelle.
2. Pendant une période économique où il y a du chômage, les ventes au détail augmentent (sont en hausse).
3. Dans une région où le revenu moyen des habitants est assez faible, le prix d'un produit est une considération majeure.
4. La concurrence parfaite est plus courante que la concurrence imparfaite.
5. L'industrie pétrolière est un exemple de concurrence parfaite.
6. Le marketing mix dépend toujours du marché à conquérir.
7. Le marketing mix est une formule fixe.

Chapitre 16
LE MARCHE

De base, un marché est formé de gens ou d'entreprises qui ont le pouvoir d'achat nécessaire et l'autorité d'acheter. On distingue plusieurs types de marché:

Le marché de la consommation Dans le marché de la consommation, ce sont des individus ou des groupes qui achètent des produits pour leur usage personnel ou pour celui de leur famille.

Le marché de la production Ce marché est composé d'individus ou d'enterprises qui achètent un produit qui servira à la fabrication d'un autre produit. Par exemple, si un individu ou une firme achète du cuir[1] pour fabriquer des chaussures[2], c'est le marché de la production.

Le marché de la distribution Lorsque des individus ou des entreprises achètent un produit pour le revendre, c'est le marché de la distribution: les grossistes achètent des marchandises pour les revendre aux détaillants.

La segmentation du marché

Comme nous l'avons déjà vu, un grand nombre de variables affectent un marché donné. Le responsable du marketing doit donc analyser en détail le marché et choisir la partie de ce marché qui convient le mieux à son produit. Ce choix s'appelle la segmentation du marché. La segmentation du marché consiste à diviser le marché en plusieurs groupes qui ont les mêmes caractéristiques.

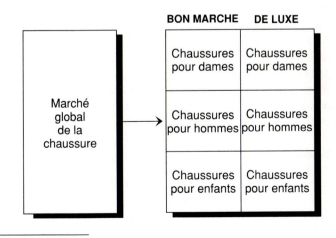

---

[1]*leather*   [2]*footwear, shoes*

Pour chaque groupe, le responsable du marketing mix développe un programme de marketing spécial. Il peut ensuite choisir le ou les segments les plus rentables.

La segmentation du marché permet au responsable du marketing de bien «ajuster son tir»: il peut concentrer ses efforts sur les segments du marché les plus rentables, il peut facilement suivre l'évolution du marché choisi, il peut mieux planifier sa campagne et son budget publicitaire. Mais la segmentation exige la présence de certaines conditions: (a) il faut qu'il existe une possibilité de segmentation, c'est-à-dire qu'il existe des groupes de consommateurs qui partagent les mêmes besoins et aient les mêmes réactions aux programmes de marketing mix, (b) il faut que les besoins des consommateurs puissent être raisonnablement transformés en produits ou services et (c) il faut que les divers groupes de consommateurs soient assez importants et assez stables pour représenter un marché.

Comment segmente-t-on un marché? On considère de nombreux facteurs démographiques, économiques, psychologiques et sociologiques:
- quel pays, quelle région? Quels types d'habitants, urbains, ruraux, résidant en ville ou en banlieue?
- quel âge, quel sexe? Vivant seul(e) ou marié(s)? Nombre d'enfants, âge des enfants.
- niveau du revenu
- niveau d'éducation
- classe sociale
- origine ethnique et religion

Mais il faut aussi considérer des critères plus spécifiques: le genre de vie des consommateurs—femme au foyer ou jeune cadre dynamique, et ce qui les fera acheter un produit—économie ou prestige. En tout cas, le problème est de savoir jusqu'où il faut aller dans la segmentation d'un marché. En effet, plus on segmente, plus les coûts augmentent: stocks plus élevés, production et distribution plus compliquées.

La différenciation des produits

Une autre façon d'attaquer le marché est de présenter un seul produit sur tous les marchés et de faire certaines modifications mineures, dépendant des besoins des consommateurs. C'est ce qui s'appelle une différenciation de produits.

Donc, une fois que le marché ou segment de marché a été choisi, l'entreprise est en mesure de développer un programme de marketing pour lancer son produit sur ce marché.

ETUDE DES MOTS _____

Exercice 1   Study the following cognates that appear in this chapter.

l'autorité	la firme	l'âge
l'individu	la segmentation	le sexe
le groupe	le programme	la classe sociale

la religion	urbain	distinguer
l'origine ethnique	rural	analyser
les critères	spécifique	affecter
le prestige	compliqué	concentrer
le stock		planifier
la modification		segmenter

Exercice 2   Match the word or expression in Column A with its equivalent in Column B.

A	B
1. la partie du marché	a. la division
2. le type	b. de la campagne
3. l'individu	c. le changement
4. la segmentation	d. le segment
5. urbain	e. complexe
6. rural	f. précis
7. le sexe	g. le genre
8. spécifique	h. l'entreprise
9. compliqué	i. de la ville
10. la modification	j. masculin ou féminin
11. la firme	k. la personne

Exercice 3   Tell what is being discussed.
1. sa nationalité, sa race
2. catholique, juif, protestant, musulman
3. homme
4. 25 ans
5. riche

Exercice 4   Complete each statement with the appropriate word(s).
1. Il faut diviser le marché. Il faut le _____.
2. C'est trop général pour faire des projets. J'ai besoin de détails

    _____.
3. Ce n'est pas du tout facile. Le mode d'emploi est trop _____ et personne n'achètera un tel gadget.
4. L'entreprise, ou _____, veut faire un bénéfice.
5. Il ne peut pas passer la commande *(place the order)* car il n'a pas _____ d'acheter les matériaux.
6. Il faut _____ toutes les options ou alternatives avant de prendre une décision.
7. Avant de lancer un produit, il faut _____ un programme publicitaire.
8. Il en a vendu très peu. Il lui reste beaucoup de _____.

Exercice 5   Match the English word or expression in Column A with its French equivalent in Column B.

A	B
1. power	a. l'usage personnel
2. purchase	b. diviser
3. consumer market	c. le pouvoir
4. personal use	d. le tir
5. wholesaler	e. le grossiste
6. retailer	f. la campagne de publicité
7. to divide	g. le niveau de revenu
8. profitable	h. l'achat
9. aim	i. la (le) cadre
10. advertising campaign	j. le marché de la consommation
11. suburb	k. le genre de vie
12. income level	l. le détaillant
13. life-style	m. rentable
14. homemaker (housewife)	n. la banlieue
15. executive	o. la femme au foyer

Exercice 6   Match the word or expression in Column A with its opposite in Column B.

A	B
1. le grossiste	a. la femme cadre
2. la ville	b. multiplier
3. rural	c. le détaillant
4. diviser	d. la vente
5. l'usage personnel	e. l'usage de l'entreprise
6. l'achat	f. la campagne
7. la femme au foyer	g. urbain

Exercice 7   Select the appropriate word(s) to complete each statement.

1. Le grossiste achète de grandes quantités de marchandises pour les
_____.
   a. distribuer   b. revendre   c. diviser
2. Cet homme gagne beaucoup d'argent. Il a un _____ très haut.
   a. cadre   b. usage personnel   c. niveau de revenu
3. Il a acheté un ordinateur pour _____.
   a. son usage personnel   b. le prestige   c. l'individu
4. Mais la Porsche, il l'a achetée pour le _____.
   a. prix   b. prestige   c. mode d'emploi
5. Il vit très bien. Il a un _____ très agréable.
   a. usage   b. tir   c. genre de vie
6. Une femme cadre travaille _____.
   a. pour une grande société   b. à la maison   c. dans son atelier

7. Une femme au foyer travaille _____.
   a. pour une grande société   b. à la maison   c. dans son atelier
8. Avant de lancer un produit, on doit organiser _____.
   a. un niveau de revenu   b. un marché contrôlable
   c. une campagne de publicité
9. Il réalise des bénéfices. C'est bien sûr une affaire _____.
   a. spécifique   b. rentable   c. grossiste

COMPREHENSION

Exercice 1   Answer.
1. Pourquoi le responsable du marketing doit-il diviser le marché en plusieurs groupes?
2. Quel est le terme technique pour cette division?
3. Quels sont les avantages de la segmentation du marché pour le responsable du marketing?
4. Mais qu'est-ce qu'il faut déterminer avant de segmenter le marché?
5. Bien que la segmentation du marché soit nécessaire, comment et pourquoi peut-elle devenir compliquée?
6. Une fois que le segment du marché visé pour le produit est déterminé, qu'est-ce que l'entreprise doit faire?

Exercice 2   Identify the type of market referred to.
1. M. Levallois vient d'acheter une paire de chaussures pour son fils.
2. Mlle Courvoisier a commandé cent mètres de soie *(silk)* très fine pour faire des robes destinées à des femmes très riches.
3. Mme Lascar a acheté des meubles *(furniture)* pour sa salle de séjour.
4. Mme Gaudin est la propriétaire d'un magasin. Elle a acheté beaucoup de meubles qu'elle va revendre dans son magasin.

Exercice 3   You are about to prepare a report on the marketability of a line of men's and women's sportswear. The market for this product line is enormous and you want to segment it. Prepare a list in French of the factors that you must take into account in segmenting this market. Give examples of the factors that you must consider in each of the following categories.
1. la démographie
2. l'économie
3. la psychologie
4. la sociologie

Chapitre 17
LA RECHERCHE

De nos jours, la recherche en marketing est une nécessité pour beaucoup d'entreprises qui consacrent un pourcentage important de leur budget aux études de marché. De plus, depuis quelque temps, le champ de ces études s'est agrandi et couvre souvent la recherche sur les responsabilités des sociétés en ce qui concerne certaines contraintes légales, politiques et sociales telles que les droits à l'information des consommateurs, la protection de l'environnement naturel.

Pour lancer un produit avec succès, il faut connaître les besoins des consommateurs susceptibles d'acheter ce produit. Pour cela, il faut analyser le macro-environnement (voir chapitre 15), c'est-à-dire les facteurs socio-économiques, concurrentiels, institutionnels, technologiques et légaux qui influencent ces besoins.

Il faut également être en mesure de prévoir les changements souvent rapides qui se produisent, d'où la nécessité de recherche d'information.

Les différentes étapes de la recherche

Définir un programme de recherche est une tâche difficile: les goûts des consommateurs changent souvent et rapidement, et les données scientifiques sont encore imprécises ou très temporaires; elles ne permettent donc pas toujours d'anticiper ce que sera le marché de l'avenir, qui est le facteur le plus important à déterminer.

Il existe aussi souvent un manque de communication entre le chercheur qui analyse scientifiquement des données humaines et sociales et le responsable du marketing qui doit utiliser ces données pour prendre des décisions commerciales. La complexité de la tâche nécessite une planification plus ou moins importante. Le schéma de la page 115 comprend toutes les étapes possibles. Selon le cas, certaines ne sont pas nécessaires et peuvent être éliminées.

Périodiquement, les directeurs d'une société se réunissent pour examiner la rentabilité de leur entreprise. S'ils notent une baisse du chiffre d'affaires, ils doivent agir.

Définition du problème La première étape est d'isoler le malaise et de définir la nature du problème. Pour identifier le problème ou les problèmes, les chercheurs vont étudier les quatre P—produit, place, promotion et prix.

Recherche informelle Le problème peut quelquefois être identifié en faisant une enquête, à l'intérieur de l'entreprise, auprès des services concernés; c'est la recherche informelle sur le schéma.

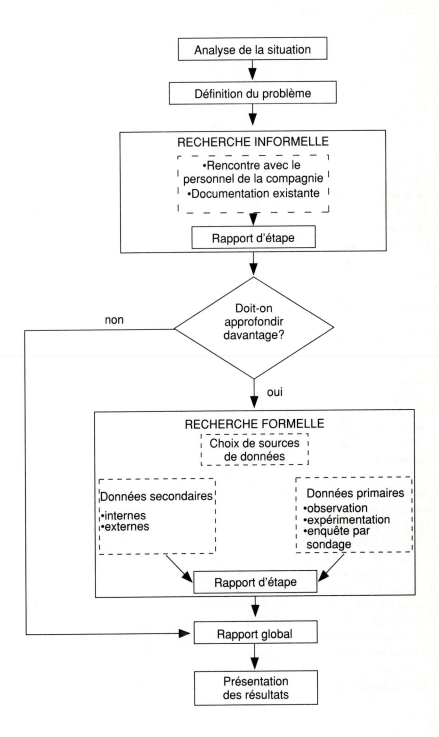

Recherche formelle Si l'enquête précédante ne suffit pas, il faut recueillir d'autres informations. Les sources de ces informations peuvent être secondaires et procurer des données qui sont alentour du problème, ou elles peuvent être primaires et procurer des données qui sont directement liées au problème.

Il y a deux genres de sources secondaires: les sources internes et les sources externes. Les sources secondaires internes sont le service de la comptabilité et le personnel des ventes. Le système de comptabilité montre toutes les étapes suivies entre le moment où la commande est passée et celui où le produit est livré au client. De nos jours, grâce à l'informatique, les petites et moyennes entreprises aussi bien que les grandes peuvent avoir un système de comptabilité sophistiqué qui leur donne tous les renseignements nécessaires dans un temps très court.

Le personnel des ventes est aussi une source secondaire interne. Les vendeurs sont en contact permanent avec les clients et ont donc une bonne connaissance du marché. Malheureusement, les données qu'ils pourraient recueillir ne sont pas toujours enregistrées. Cela est dû soit au manque d'un système de rapport ou à la réticence des vendeurs eux-mêmes qui, puisqu'ils sont payés à la commission, ne veulent pas consacrer leur temps à une activité autre que celle de la vente.

Les sources secondaires externes sont tout ce qui est publié: ouvrages de statistiques, publications professionnelles, rapports sur les entreprises publiés par des compagnies spécialisées, publications des médias publicitaires, thèses universitaires, encyclopédies, etc. Si les données secondaires sont faciles à obtenir et peu coûteuses, elles présentent néanmoins certains désavantages dans la mesure où elles ne correspondent pas forcément aux besoins de l'entreprise. Dans ce cas, il faut passer à des sources primaires, c'est-à-dire recueillir des données qui répondent à des questions bien précises.

Les données de sources primaires sont obtenues de trois façons: par observation, par expérimentation et par sondage d'opinion.

L'observation, comme son nom l'indique, consiste à observer le comportement des consommateurs (ou quelquefois des vendeurs). Pour faire cette observation, de nombreux magasins, par exemple, utilisent des caméras cachées. C'est un système de surveillance, mais c'est aussi utilisé pour déterminer les allées et venues des clients. Les tourniquets que l'on emprunte pour entrer et sortir servent aussi à compter le nombre de clients qui fréquentent un magasin à un moment donné. Les données recueillies de cette façon sont relativement limitées et doivent être complétées par d'autres informations.

L'expérimentation sert à étudier les relations de cause à effet: par exemple, pour savoir quelle publicité sera la plus efficace, on expérimente en utilisant plusieurs thèmes de publicité sur différents marchés et on analyse les résultats. Cette méthode est coûteuse et ne suffit pas à répondre aux questions posées.

L'enquête par sondage consiste à interroger un échantillon de la population pour étudier leurs attitudes, opinions, comportements présents et passés en ce qui concerne un problème de marketing bien défini. Pour cela il faut considérer trois facteurs: le questionnaire, l'échantillon et les supports de l'enquête.

Le questionnaire doit être rédigé d'une façon différente selon la méthode choisie: entrevue personnelle, enquête par téléphone ou questionnaire envoyé par la poste. Il n'y a pas de recette pour écrire un questionnaire. C'est une question de bon sens. On rédige d'abord un questionnaire préliminaire qui est présenté à un petit nombre de personnes. D'après les réactions de ces personnes, un questionnaire final est mis au point.

L'échantillon est déterminé à l'aide d'un cadre d'échantillonnage, c'est-à-dire une liste de personnes ou d'entreprises qui sont représentatives du public visé. Cette liste peut être une liste électorale, l'annuaire du téléphone, etc. Il faut ensuite déterminer la taille de cet échantillon.

Les supports de l'enquête, c'est-à-dire la méthode que l'on va utiliser pour prendre contact avec le public, doivent être pris en considération. Va-t-on contacter les individus par courrier, par téléphone? Va-t-on les interviewer à domicile? Le courrier est la voie la moins cher, mais le taux de retour est très bas. Le téléphone coûte cher et la communication par téléphone est souvent difficile. L'enquête à domicile est la méthode la plus intéressante et la plus rentable lorsqu'il s'agit de recueillir des données. L'enquêteur peut obtenir avec plus de précision les réponses nécessaires et le taux de retour est évidemment très élevé. Mais l'enquête à domicile est le moyen le plus coûteux: il faut payer les enquêteurs!

L'analyse des données De nos jours, l'analyse des données se fait par ordinateur. Une fois que les données sont mises en mémoire, il faut les interpréter. C'est là qu'intervient la statistique. Les techniques d'analyse statistique se développent de plus en plus, ainsi que les programmes d'informatique. Ce sont là deux outils très précieux pour le chercheur.

D'une façon générale, on peut dire que le développement de l'informatique et son utilisation grandissante dans la vie courante contribuent considérablement au développement du marketing, non seulement en ce qui concerne l'analyse de données, mais de plus en plus pour recueillir ces données; l'utilisation des lecteurs optiques dans les supermarchés, par exemple, donne des renseignements immédiats sur les produits, stocks, prix et autres facteurs.

ETUDE DES MOTS

Exercice 1 Study the following cognates that appear in this chapter.

le changement	le média	temporaire
le programme	le désavantage	lié
la complexité	la surveillance	interne
la planification	le résultat	externe
le schéma	la population	sophistiqué
la nature	l'attitude	permanent
la source	l'opinion	professionnel
le contact	la statistique	préliminaire
la commission		final
la publication		périodiquement

définir	identifier	contacter
anticiper	procurer	interviewer
déterminer	payer	interpréter
nécessiter	observer	intervenir
isoler	interroger	analyser

Exercice 2   Match the verb in Column A with its noun form in Column B.

A	B
1. changer	a. la surveillance
2. anticiper	b. la définition
3. définir	c. l'entrevue
4. identifier	d. le changement
5. observer	e. le résultat
6. surveiller	f. l'observation
7. résulter	g. l'identification
8. interviewer	h. l'anticipation

Exercice 3   Match the word in Column A with its definition in Column B.

A	B
1. temporaire	a. technologiquement moderne et
2. la complexité	avancé
3. périodiquement	b. poser des questions
4. la source	c. de l'intérieur
5. procurer	d. pour une période de temps limitée
6. interne	e. pour toujours
7. externe	f. la difficulté
8. sophistiqué	g. obtenir
9. permanent	h. lieu d'origine, de provenance
10. interroger	i. de l'extérieur
	j. de temps en temps

Exercice 4   Complete each statement with the appropriate word(s).
1. Avant de commencer un programme de recherche il faut _____ le problème.
2. Et ensuite il faut _____ le problème.
3. Alors il faut _____ des informations.
4. Après il faut _____ les données.

Exercice 5   Select the appropriate word to complete each statement.
1. De toutes les informations procurées, on doit _____ le problème précis.
   a. isoler   b. interpréter   c. contacter
2. Vous pouvez identifier la cause ou _____ du problème.
   a. la complexité   b. le changement   c. la source

3. Malheureusement il n'est pas facile _____ les changements socio-économiques souvent rapides qui influenceront le marché.
   a. d'analyser   b. d'anticiper   c. de nécessiter
4. _____ avec les clients, c'est toujours important.
   a. Le contact   b. L'entrevue   c. La source
5. Il faut _____ des informations et _____ les résultats.
   a. se procurer   b. définir   c. analyser
6. Un bon vendeur est toujours en _____ avec ses clients.
   a. commission   b. contact   c. surveillance

Exercice 6   Match the word or expression in Column A with its definition in Column B.

A	B
1. agrandir	a. la diminution
2. le goût	b. augmenter, devenir plus grand
3. l'avenir	c. la personne qui fait de la recherche
4. le chercheur	d. obtenir, réunir des chose dispersées
5. la société	e. le département
6. la baisse	f. le futur
7. la hausse	g. l'augmentation, l'élévation
8. agir	h. procéder, se mettre en action
9. le service	i. les opinions et préférences d'un individu
10. recueillir	j. les informations
11. les allées et venues	k. la compagnie
12. les renseignements	l. où l'on va et d'où l'on vient

Exercice 7   Complete each statement with the appropriate word(s).
1. Le marché a beaucoup grandi. Les chiffres des ventes sont _____.
2. Les chercheurs anticipent ce qui se passera à _____.
3. Si vous allez commencer à procurer des données (informations), vous devez consulter _____ de recherche de l'entreprise.
4. Je sais qu'il travaille pour une _____ pétrolière.
5. Je veux _____ les données avant de prendre une décision définitive.
6. Avant de lancer un produit, il est absolument nécessaire de connaître les _____ des consommateurs susceptibles de l'acheter.

Exercice 8   Match the English word or expression in Column A with its French equivalent in Column B.

A	B
1. opinion poll	a. l'enquêteur
2. survey	b. l'échantillonnage
3. surveyor	c. les données
4. data	d. l'enquête à domicile

5. number, figure   e. l'enquête
6. sample   f. un échantillon
7. sampling   g. le consommateur susceptible de…
8. rate of return   h. le sondage d'opinion
9. door-to-door survey   i. le taux de retour
10. likely (prospective) customer j. le chiffre
11. turnover   k. le chiffre d'affaires

Exercice 9   Answer.

1. Je voudrais bien savoir ce que pensent les gens. Qu'est-ce que je dois faire?
2. Il est impossible de s'adresser à la population entière. Qu'est-ce que je dois choisir?
3. Je voudrais savoir combien on en a vendu. Qu'est-ce que je dois chercher?
4. Jacques fait des sondages. Quelle est sa profession?
5. Si l'on envoit une enquête par la poste, on recevra très peu de réponses. Qu'est-ce qui est très bas?
6. Je crois que M. Benoît achèterait un tel produit. Qu'est-ce qu'il est M. Benoît?
7. Les résultats d'une enquête de dix personnes ne sont pas valables. Qu'est-ce qu'il faut avoir pour rendre l'enquête valable?
8. On va recueillir beaucoup d'opinions et d'informations et ensuite on va analyser les résultats. De quoi parle-t-on?

Exercice 10   Match the English word or expression in Column A with its French equivalent in Column B.

A	B
1. computer	a. la rentabilité
2. computer program	b. le lecteur optique
3. accounting	c. une étape
4. profitability	d. le programme d'informatique
5. order	e. le vendeur
6. to place (an order)	f. un ordinateur
7. to deliver	g. de cause à effet
8. sales force	h. passer
9. sales rep	i. le manque
10. lack	j. la comptabilité
11. stage	k. le personnel des ventes
12. cause and effect	l. une caméra cachée
13. turnstile	m. la commande
14. hidden camera	n. le tourniquet
15. scanner	o. livrer

Exercice 11   Complete each statement with the appropriate word(s).

1. Presque toutes les grandes lignes aériennes ont _____ des commandes à Boeing.
2. Boeing a peur de ne pas pouvoir _____ à temps tous les avions commandés.
3. L'agent de voyage peut consulter l'écran de son _____ pour déterminer s'il y a des places disponibles sur un certain vol.
4. La plupart des lignes aériennes ont des problèmes fiscaux qui affectent négativement _____ de la société.
5. Les passagers disent qu'il y a un _____ de service à bord des avions, c'est-à-dire que le service n'est pas très bon.
6. Dans les aéroports il y a des _____ pour surveiller les allées et venues des passagers.
7. Il est souvent payé à la commission. Il est _____.

Exercice 12   Decide who or what could give you the following information.

le personnel de vente   le service de la comptabilité
l'ordinateur   le tourniquet
le lecteur optique   la caméra cachée

1. le nombre de clients qui entrent et sortent du magasin
2. les allées et venues des gens dans le magasin
3. le stock qui reste
4. les revenus de la société
5. l'attitude des consommateurs vers le produit
6. le chiffre ou la quantité de bouteilles de lait qu'on a vendu de 9 à 10 heures

COMPREHENSION

Exercice 1   True or false?

1. Si les directeurs (gestionnaires) d'une société (compagnie) notent une baisse du chiffre d'affaires, ils savent que la rentabilité de leur entreprise est en hausse.
2. S'il existe un malaise dans le marché ou une méfiance envers un certain produit, une enquête peut souvent en identifier la raison.
3. Il y a une recette fixe pour rédiger un bon questionnaire pour une enquête ou un sondage.
4. La taille de l'échantillon doit être toujours petite pour garantir la validité des résultats.
5. De nos jours, l'analyse des données se fait presque uniquement par ordinateur.

Exercice 2   Answer.

1. Qu'est-ce qu'il faut savoir pour lancer un produit avec succès?
2. Pourquoi est-il difficile d'anticiper ce que sera le marché de l'avenir?
3. Si une entreprise prévoit une baisse du chiffre d'affaires, qu'est-ce que les directeurs ou les responsables doivent faire immédiatement?
4. Pourquoi le personnel de vente peut-il offrir des renseignements utiles?
5. L'enquête à domicile est un moyen économique ou coûteux de faire une enquête?

Exercice 3   Tell under which category each statement falls.

   l'observation   l'expérimentation   l'enquête

1. On étudie le comportement des consommateurs.
2. On emploie plusieurs média publicitaires.
3. On compte le nombre de clients qui fréquentent un certain genre de magasin.
4. On envoit par courrier un questionnaire à un échantillon de clients.
5. On utilise plusieurs genres d'emballage pour déterminer lequel influence positivement les chiffres de ventes.
6. On donne des entrevues personnelles.

Exercice 4   Make a list of the resources available in carrying out a research project.

Exercice 5   In French, describe the information that each of the above sources can provide.

Chapitre 18
LE CONSOMMATEUR

Le rôle du marketing est en tout premier lieu de satisfaire les besoins du consommateur. Mais pour satisfaire ces besoins, il faut avant tout connaître le comportement du public visé; c'est le micro-environnement d'entreprise que l'on a mentionné dans le chapitre 15. Quand on étudie le comportement des consommateurs, il faut considérer deux sortes de facteurs: les facteurs psychologiques et l'environnement culturel et social.

Les facteurs psychologiques

Ce sont les mécanismes personnels qui font qu'un individu achète un produit plutôt qu'un autre. Là encore deux facteurs entrent en jeu: la perception et la motivation.

La perception L'individu prend conscience de ce qui l'entoure par l'intermédiaire des sens—le toucher, le goût, la vue, l'ouïe et l'odorat. Il organise et interprète ensuite les stimuli auxquels il a été soumis. Il les interprète non seulement en fonction du stimulus perçu, mais aussi en fonction de l'état dans lequel il se trouve. D'autre part, sa perception est sélective: l'individu ne réagit pas à tous les stimuli qu'il reçoit. Le responsable du marketing doit donc essayer d'attirer l'attention du consommateur sur certains points précis choisis au préalable.

Pour cela il doit concevoir des stimuli pour chacun des sens: par exemple, la lumière doit être juste ce qu'il faut—ni trop faible, ni aveuglante[1]; la taille et la couleur du message publicitaire sont aussi soigneusement étudiées. La répétition d'un même message est également efficace. Dans d'autres domaines, certains ont essayé d'utiliser des messages subliminaux: il s'agit d'un flash si rapide que le message n'est perçu qu'au niveau du subconscient. Néanmoins, puisqu'il s'agit d'un contrôle psychologique de la personnalité, ce type de publicité est interdit dans de nombreux pays.

La perception dépend aussi des attitudes des consommateurs: ayant sélectionné un certain nombre de stimuli, le consommateur les a organisés en un système et en a déduit certaines conclusions—telle marque est meilleure que telle autre marque, par exemple.

---

[1]*blinding*

La motivation Le consommateur achète pour satisfaire ses besoins. Ces besoins sont multiples. Abraham H. Maslow les a classés selon le schéma ci-dessous.

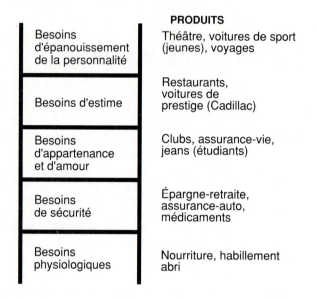

Pour Maslow, il y a cinq niveaux de besoins divisés en deux catégories: les besoins physiologiques (manger, boire, dormir, etc.) et les besoins psychologiques (être accepté, admiré par ses pairs, être protégé, aimé, etc.).

Il est important de noter que Maslow appelle cette classification une «hiérarchie»: les besoins sont satisfaits en commençant par le bas de l'échelle et en montant ensuite; en effet, les besoins psychologiques sont difficiles à satisfaire si les besoins physiologiques ne le sont pas. D'autre part on peut satisfaire des besoins appartenant à deux niveaux différents; on peut décider par exemple de cuisiner un plat délicieux pour satisfaire la faim de ses invités, mais aussi pour être flatté(e) par leurs compliments. Très souvent, lorsqu'il s'agit de besoins psychologiques, la motivation d'achat des consommateurs n'est pas consciente car ils ne se connaissent pas eux-mêmes.

La personnalité du consommateur est aussi un facteur important. Le concept de personnalité en marketing fait l'objet de nombreux projets de recherche. Définir un marché en termes de la personnalité des consommateurs est une idée séduisante, mais difficilement réalisable.

L'environnement culturel et social

Le comportement du consommateur est influencé par la société dans laquelle il vit: la famille, les groupes de référence, la classe sociale et la culture.

La famille A notre époque, la structure de la famille change très rapidement: de plus en plus, les femmes travaillent à l'extérieur, donc les maris participent aux achats ménagers. Le responsable du marketing doit modifier sa stratégie en conséquence. De plus, il faut considérer la famille en tant qu'unité quand il s'agit de certains produits: le cas classique de l'achat d'une voiture a fait l'objet de nombreuses études de marketing; il faut répondre aux besoins de la famille en tant que famille, mais aussi satisfaire les besoins des membres de la famille pris individuellement. Le rôle que joue chacun de ces membres à l'intérieur de la famille est important pour le responsable du marketing. Qui prend l'initiative de l'achat? Qui décide d'acheter? Qui paie? Quelle est l'importance de l'influence des enfants? Autant de questions auxquelles le responsable du marketing doit trouver une réponse.

Les groupes de référence Les amis, les collègues de bureau, les voisins ont une influence très puissante. On demande souvent conseil à ses amis avant de faire un achat et, en général, on respecte l'opinion de ses amis. Il y a aussi les clubs, les associations professionnelles. Dans tous ces groupes, il y a souvent une personne qui a beaucoup d'influence sur les autres membres. On les appelle les «leaders d'opinion». On voit qu'il est important d'identifier le comportement de ces personnes puisque tant d'autres vont les imiter.

La classe sociale Il y a de nombreuses différences d'attitudes entre les diverses classes sociales. Chaque classe fait l'objet de nombreuses études en marketing qui sont la base de stratégies de marketing différentes pour chacune d'entre elles.

La culture La culture est le système de règles, de valeurs qui est propre à une société: l'alimentation varie de pays en pays. De plus, à l'intérieur d'une société, il existe plusieurs groupes culturels qui ont leur propres coutumes et leurs propres besoins, ce qui nécessite donc des stratégies de marketing tenant compte de leurs besoins. Certaines stratégies de marketing visent les groupes hispaniques de plus en plus nombreux aux Etats-Unis.

Le processus de décision

Comment le consommateur prend-il la décision d'acheter? On peut isoler les étapes suivantes: la reconnaissance d'un besoin, la recherche d'information, l'évaluation des choix possibles, l'achat, l'effort de se rassurer.

La reconnaissance d'un besoin Comme nous l'avons vu dans le chapitre 17, les besoins des consommateurs sont soit d'ordre psychologique, soit d'ordre physiologique, ou les deux. Le consommateur peut être soumis à des pressions extérieures (la publicité, l'influence de sa famille) ou il peut aussi décider par lui-même qu'il veut acheter un certain produit.

La recherche d'information Le consommateur se renseigne ensuite par les produits qu'il a retenus. S'il est un consommateur averti, il peut aller chercher plus loin que ce que lui dit la publicité. Il peut consulter des ouvrages publiés par les associations de consommateurs, par exemple.

L'évaluation des choix possibles Une fois toutes ces données en mains, le consommateur établit une échelle de priorité et évalue les différents choix qui s'offrent à lui. Il arrive finalement à une décision.

L'achat Le consommateur a arrêté son choix sur un produit bien déterminé. Il va maintenant chercher le magasin ou l'entreprise qui lui offrira les meilleures conditions de paiement, si nécessaire, et le meilleur service après-vente.

L'effort de se rassurer L'objectif du marketing est non seulement de faire acheter un produit, mais aussi de faire en sorte que le consommateur soit satisfait, qu'il achète de nouveau ce produit, ou le recommande à d'autres acheteurs éventuels.

Bien souvent, après avoir acheté un produit, le consommateur a des doutes. On appelle cet état la «dissonance cognitive». Pour rassurer le consommateur, certains fabricants fournissent de la littérature promotionnelle ou des garanties d'échange ou de reprise. Mais le consommateur veut se rassurer lui-même. C'est pourquoi il lit les publications publicitaires, les articles dans les revues spécialisées, *après* avoir acheté le produit. C'est un facteur qui doit être pris en considération par l'entreprise.

On voit donc à quel point il est important d'avoir une connaissance approfondie du comportement des consommateurs auxquels on s'adresse. Cela n'est pas une tâche facile, vu le nombre et la complexité des influences qui affectent le choix du consommateur.

ETUDE DES MOTS

Exercice 1 Study the following cognates that appear in this chapter.

la sorte	la personnalité	culturel
la perception	la société	social
la motivation	la stratégie	sélectif
le sens	l'initiative	subliminal
le stimulus	le processus	conscient
les stimuli	le paiement	
la répétition	la littérature	modifier
le subconscient	promotionnelle	respecter
la conclusion	l'échange	recommander
le concept	l'attitude	

Exercice 2 Match the word in Column A with its definition or equivalent in Column B.

A	B
1. la sorte	a. changer
2. le sens	b. le résultat, la fin
3. la conclusion	c. l'impression, le sentiment
4. le concept	d. la politique

5. modifier
6. la stratégie
7. la perception
8. le processus

e. le type, le genre
f. une évolution constante
g. la vue, le goût ou l'odorat
h. l'idée

Exercice 3 Give the word being defined.
1. le contraire de «conscient»
2. l'action de payer
3. qu'on peut choisir ou sélectionner
4. ce qui provoque une action ou une réponse
5. la première proposition

Exercice 4 Complete each statement with the appropriate word(s).
1. Si un client est satisfait d'un produit, il voudra le _____ à quelqu'un d'autre.
2. Souvent la perception que quelqu'un a de quelque chose vient de son _____.
3. Le toucher et la vue sont des _____.
4. On doit avoir une _____ positive envers les différents groupes culturels et sociaux.
5. L'origine _____ d'un individu affecte ses coutumes, son comportement et même son alimentation.
6. La classe _____ d'un individu influence ses attitudes et même les achats qu'il fait.

Exercice 5 Match the English word or expression in Column A with its French equivalent in Column B.

A	B
1. to come into play	a. l'abri
2. to target	b. une échelle
3. to react	c. un pair
4. dress	d. viser
5. housing, shelter	e. l'assurance-vie
6. household, domestic	f. entrer en jeu
7. scale	g. en conséquence
8. recognition	h. l'habillement
9. peer	i. la pression
10. life insurance	j. réagir
11. return (merchandise)	k. le retour, la reprise
12. pressure	l. ménager
13. previously	m. au préalable
14. accordingly	n. la reconnaissance

Exercice 6   Complete each expression with the appropriate word(s).
1. peer pressure   _____ des pairs
2. to target a market   _____ un marché
3. the targeted segment   le segment _____
4. to react accordingly   réagir _____
5. to choose beforehand   choisir _____

Exercice 7   Select the appropriate word(s) to complete each statement.
1. Un collègue est un _____.
   a. membre de la famille   b. ami   c. pair
2. Si le magasin a une politique (des facilités) _____, le client peut
   rendre un produit dont il n'est pas satisfait et être remboursé.
   a. de garantie   b. d'échange   c. de reprise
3. La facilité _____, c'est le droit que le client a d'échanger un produit
   dont il n'est pas satisfait contre un autre.
   a. de garantie   b. d'échange   c. de reprise
4. Il faut _____ un certain segment du marché pour chaque produit.
   a. respecter   b. viser   c. réagir
5. Le marché _____ négativement quand la perception d'un produit est
   mauvaise.
   a. réagit   b. accepte   c. entre en jeu
6. De nos jours beaucoup de femmes travaillent à l'extérieur et beaucoup de
   maris font des tâches _____.
   a. sociales   b. ménagères   c. sélectives
7. Si les maris sont responsables pour beaucoup d'achats ménagers, le
   responsable du marketing doit agir _____.
   a. psychologiquement   b. au préalable   c. en conséquence
8. Une motivation psychologique puissante est celle d'être accepté(e) par
   _____.
   a. le marché   b. ses pairs   c. conséquence
9. _____ qu'on reçoit de ses pairs influence souvent les décisions d'un
   individu.
   a. L'assurance-vie   b. L'échelle   c. La pression
10. Le logement, c'est _____.
    a. l'habillement   b. l'abri   c. la logique

COMPREHENSION

Exercice 1   Answer.
1. Quel est le rôle primordial (en tout premier lieu) du marketing?
2. Pour atteindre ce but (cet objectif), qu'est-ce qu'il faut connaître?
3. Pour le connaître, qu'est-ce qu'il faut considérer?

4. Pourquoi le responsable du marketing doit-il essayer de concevoir les stimuli pour chacun des sens des consommateurs susceptibles d'acheter le produit?
5. Comment la structure de la famille change-t-elle actuellement?
6. Qui sont les «leaders d'opinion»?
7. Pourquoi sont-ils importants pour le responsable du marketing?

Exercice 2   Tell what type of need is being met when an individual does the following.
1. Il/Elle achète une voiture de luxe.
2. Il/Elle ouvre un compte d'épargne à la banque.
3. Il/Elle cherche un appartement.
4. Il/Elle mange quelque chose.
5. Il/Elle achète des billets pour le théâtre.
6. Il/Elle devient membre d'un club sportif.
7. Il/Elle va dans un restaurant chic.
8. Il/Elle achète une police d'assurance-vie.

Exercice 3   Very often people do something for more than one reason without even being aware of it. Answer the following questions based on the information given.
1. M. Lebrun a des invités et il leur prépare un dîner superbe. Il décide de cuisiner tous ses plats spéciaux. Qu'est-ce que M. Lebrun fait pour satisfaire la faim de ses invités? Pourquoi a-t-il peut-être préparé un dîner tellement superbe?
2. Madame Fabius vient d'acheter une nouvelle Jaguar, modèle XJ6. Qu'a fait Madame Fabius pour satisfaire son besoin d'avoir un moyen de transport? Pourquoi Madame Fabius a-t-elle acheté une voiture tellement coûteuse (chère)?

Exercice 4   Answer the following questions as if your family were about to purchase an automobile.
1. Qui prendrait l'initiative de commencer à discuter la possibilité de faire un tel achat?
2. Qui déciderait d'acheter la voiture?
3. Qui déciderait de la marque et du modèle de la voiture que la famille achèterait?
4. Qui déciderait de la couleur?
5. Qui sélectionnerait la transmission (automatique ou manuelle)?
6. Qui paierait?
7. Comment paierait-il (elle)?

Exercice 5   Make a list in French of the possible **services après-ventes.**

Exercice 6   Identify the decision process being discussed.

1. Je vais lire ces deux revues pour les consommateurs pour voir s'il y a des articles sur les machines à laver.
2. Je vais comparer la durée de chaque cycle—lavage, rinçage, séchage—de ces deux marques.
3. Je vais acheter le modèle A marque X.
4. Je crois que je dois acheter une nouvelle machine à laver.
5. Je vais comparer deux modèles de cette même marque.
6. Je vais acheter là où l'on me donnera les meilleures facilités de paiement.

Chapitre 19
LE PRODUIT

Comme nous l'avons dit, le consommateur cherche avant tout à être satisfait et c'est la tâche du responsable du marketing de le satisfaire.

Qu'est-ce qu'un produit?

Le concept de produit s'étend de nos jours aux «services». Les services n'ont pas de forme tangible: une entreprise de déménagement[1], les services d'un comptable, par exemple. D'autre part, très souvent une entreprise n'offre pas un produit unique. Elle offre plusieurs produits groupés en lignes ou gammes de produits. Une ligne de produits regroupe tous les produits du même genre: tous les modèles d'ordinateurs fabriqués par une entreprise forment une ligne. Une entreprise peut avoir plusieurs lignes de produits: elle peut offrir des ordinateurs aussi bien que des téléviseurs. L'ensemble des lignes de produits d'une entreprise forme la gamme de produits de cette entreprise.

Comment présenter le produit?

Quand il s'agit de présenter le produit au consommateur, deux problèmes se posent au responsable du marketing: la marque et le conditionnement.

La marque La définition d'une marque est la suivante: «un nom, un mot, une expression, un dessin, un symbole ou toute autre combinaison de ces éléments dont le but est d'identifier les biens et les services d'une entreprise ou d'un groupe de vendeurs pour les différencier de ceux des concurrents»[†]. Donc, la marque inclut non seulement le nom commercial, mais aussi l'emblème commercial.

Il est bon d'avoir une «marque déposée» pour être sûr de posséder l'exclusivité de cette marque. Une marque déposée inclut les mots, les emblèmes, les dessins, les couleurs et les caractères d'imprimerie utilisés.

---

[1] *moving company*

[†] Adapté de American Marketing Association, *Marketing Definitions, A Glossary of Marketing Terms,* Chicago, 1960.

Pourquoi avoir une marque? Pour identifier un produit, mais aussi pour le distinguer des produits des concurrents, pour donner aux consommateurs certaines garanties de qualité. Mais un produit n'a pas forcément une marque: si l'entreprise n'a pas le budget de promotion suffisant, si elle ne peut garantir une qualité constante ou s'il est difficile de mettre une marque sur le produit. Il s'agit alors de produits génériques. En général, on estime qu'il est avantageux pour l'entreprise et pour le consommateur d'avoir une marque: en plus des facteurs déjà mentionnés, la marque donne au consommateur une satisfaction psychologique, elle le rassure qu'il a bien choisi son produit. C'est ce qu'on appelle l'«image de marque».

D'autre part, un autre avantage pour le consommateur, c'est que le fabricant est responsable de l'évolution de sa marque et donc de l'amélioration de son produit.

Quelle sorte de marque choisir? Il faut un nom court, facile à prononcer et à retenir—bien souvent dans plusieurs langues. Il faut aussi que le nom évoque quelque chose d'agréable ou de désirable pour les acheteurs éventuels: les Volkswagen Rabbit se sont vendus en France sous le nom de «Golf» car le nom «lapin» suggère plutôt nourriture[2] qu'agilité. Certaines marques ont été si bien choisies qu'elles sont devenues des termes génériques, comme Frigidaire. L'emblème commercial est aussi très important pour identifier le produit. La création d'un emblème nécessite la participation de nombreux spécialistes non seulement en marketing, mais aussi en art graphique.

Le responsable du marketing doit choisir entre plusieurs genres de marque. Lorsqu'il s'agit de produits d'une même gamme, faut-il utiliser une marque individuelle ou une marque pour toute la gamme? Il est bon d'utiliser des noms individuels pour des produits qui sont très différents: un pudding et des sardines, par exemple. Mais il est bon de garder le même nom pour des produits relativement identiques (électroménagers), surtout quand l'un de ces produits a bien réussi sur le marché et a une image de marque positive.

Autre décision pour le responsable du marketing: doit-il utiliser une marque de fabricant ou une marque de distributeur? La marque de fabricant (ou marque nationale) est la marque choisie par l'entreprise qui fabrique un produit. La mise en marché du produit est entièrement assumée par le fabricant. Le distributeur, dans ce cas, n'est qu'un intermédiaire entre le fabricant et le consommateur. La marque de distributeur ou marque privée est la marque choisie par le distributeur pour un produit qu'il n'a pas fabriqué lui-même, mais pour lequel il a dicté ses exigences.

La «bataille des marques» est très vive. En effet, les marques nationales sont très connues du public mais leurs produits coûtent souvent plus cher que ceux qui ont une marque privée. Bien que moins connues du consommateur, les marques de distributeurs concurrencent fortement les marques de fabricants.

Le conditionnement d'un produit Le conditionnement d'un produit (l'emballage) affecte les quatre variables du marketing mix.

---

[2]*food*

Il faut d'abord distribuer le produit, c'est-à-dire le transporter, le manipuler, l'emmagasiner. L'emballage doit donc être résistant aux chocs et facile à transporter, sans que cela affecte la qualité du produit.

Une fois sur le rayon du magasin, c'est au consommateur que le conditionnement s'adresse: le produit doit garder sa qualité, sa fraîcheur, son apparence, d'où le choix d'un moyen de protection efficace, d'une forme, d'une couleur. Le produit doit pouvoir être utilisé facilement, donc l'importance de la taille et du poids. Le produit doit aussi être facilement reconnu et c'est là qu'interviennent la présentation et l'étiquetage. Les lois sur l'emballage et l'étiquetage varient de pays à pays. D'une façon générale, le conditionnement et l'étiquetage sont plus efficaces que la publicité, surtout pour les produits courants.

La garantie et le service après-vente Les deux autres éléments du produit sont la garantie et le service après-vente. La garantie rassure le consommateur. Elle est d'autant plus nécessaire à mesure que les ventes par catalogue se développent. D'autre part, le slogan «Satisfait ou remboursé!» de plus en plus utilisé est en soi une sorte de garantie. Un bon service après-vente enlève tout souci au consommateur, surtout lorsqu'il s'agit de produits complexes comme ceux de l'électronique, par exemple.

Donc un produit n'est pas seulement quelque chose qu'on achète. C'est le résultat final d'une série d'opérations soigneusement orchestrées.

ETUDE DES MOTS

Exercice 1 Study the following cognates that appear in this chapter.

le concept	le choc	grouper
la ligne	la qualité	identifier
le modèle	la présentation	différencier
le dessin	la garantie	distinguer
le symbole	le résultat	nécessiter
l'exclusivité		affecter
la couleur	générique	manipuler
le terme générique	graphique	transporter
l'art graphique	résistant	
le distributeur	orchestré	
l'intermédiaire		

Exercice 2 Match the word in Column A with its definition in Column B.

A	B
1. identifier	a. le droit exclusif
2. nécessiter	b. l'idée
3. distinguer	c. exiger, demander
4. le concept	d. nommer, déterminer
5. l'exclusivité	e. différencier

Exercice 3   Give the word being defined.

1. le contact violent
2. l'intermédiaire entre le fabricant et le consommateur; le responsable du transport, de l'entreposage, etc.
3. la façon de présenter quelque chose
4. rouge ou noir, beige ou marron
5. tous les modèles que l'entreprise fabrique d'un produit
6. qui peut soutenir un choc
7. un signe figuratif qui représente quelque chose
8. l'excellence en quelque chose
9. l'assurance de la qualité de quelque chose

Exercice 4   Match the English word or expression in Column A with its French equivalent in Column B.

A	B
1. gamut, range	a. le conditionnement
2. line	b. le service après-vente
3. model	c. le poids
4. make, brand	d. le modèle
5. packaging	e. le genre
6. labeling	f. la gamme
7. trademark	g. l'étiquetage
8. marketing	h. le concurrent
9. type	i. la ligne
10. size	j. l'acheteur éventuel
11. weight	k. la marque déposée
12. competitor	l. remboursé
13. follow-up service	m. la marque
14. "your money back"	n. la mise en marché
15. prospective buyer	o. l'image de marque
16. store department	p. la taille
17. to store	q. un rayon de magasin
18. brand image	r. emmagasiner

Exercice 5   Match the word or expression in Column A with its equivalent in Column B.

A	B
1. toute la ligne	a. garder
2. le type	b. le conditionnement
3. l'emballage	c. emmagasiner
4. l'objectif	d. les exigences
5. retenir	e. un seul
6. entreposer	f. la gamme
7. unique	g. le but
8. les demandes	h. le genre

Exercice 6   Tell what's being discussed.

1. J'aime bien les Lincolns.
2. Moi aussi, et je préfère la Continental.
3. Je trouve ce paquet très joli. C'est chouette!
4. Cette marque a une très bonne réputation.
5. Si vous avez un problème avec notre produit, vous pouvez téléphoner et nous serons toute de suite à votre disposition pour le réparer. Et si vous n'êtes toujours pas satisfait, on le reprendra.
6. Elle pèse combien, cette machine?
7. Je crois que c'est trop grand. J'ai très peu de place.
8. C'est un produit qui plaira aux jeunes—j'en suis sûr.

Exercice 7   Select the correct description for the word given.

1. Renault
   a. une ligne   b. une marque   c. un modèle
2. en boîte
   a. le conditionnement   b. l'étiquetage   c. le transport
3. la garantie
   a. la mise en marché   b. le poids   c. le service après-vente
4. le remboursement
   a. l'argent   b. le concurrent   c. l'échange
5. l'acheteur éventuel
   a. le service après-vente   b. le rayon   c. le marché

COMPREHENSION

Exercice 1   True or false?

1. Un service n'est jamais un produit.
2. Le nom d'un produit, c'est la marque.
3. La marque peut être également une expression ou un dessin.
4. L'image de marque c'est l'impression psychologique que la marque fait sur le marché.
5. L'image de marque est toujours positive.
6. Le nom d'une marque doit être assez long pour que le public puisse le retenir facilement.
7. Il est avantageux d'utiliser le même nom de marque pour des produits qui sont très différents.
8. Il est avantageux d'utiliser le même nom de marque pour des produits qui sont très similaires.
9. La taille et le poids du produit sont toujours importants, car le produit doit être facilement reconnu.
10. La garantie et le service après-vente rassurent le consommateur sur la qualité du produit et celle de l'entreprise même.

Exercice 2   Answer.

1. Quelle est la différence entre une ligne de produits et une gamme de produits?
2. Pourquoi la marque du produit est-elle importante?
3. Qu'est-ce qu'une marque déposée assure?
4. Pourquoi un produit n'a-t-il pas toujours une marque?
5. Pourquoi est-il avantageux d'avoir une marque?
6. Que doit évoquer le nom de la marque?
7. Quelle est l'importance de l'emblème commercial?
8. Qu'est-ce qu'une marque privée?
9. Quelle est la différence entre une marque privée et une marque nationale?
10. Comment le conditionnement d'un produit affecte-t-il le transport et l'entreposage?
11. Une fois sur le rayon du magasin, à qui le conditionnement du produit s'adresse-t-il?
12. Pourquoi la présentation et l'étiquetage sont-ils importants?

Exercice 3   What should be done?

Nous avons un ordinateur qui jouit d'une image de marque incroyablement positive. On est en train de lancer un nouveau modèle de cet ordinateur. Qu'en pensez-vous? Doit-on changer le nom de la marque ou utiliser le même nom? Pourquoi?

Les canaux de distribution

On appelle «canaux de distribution», les voies par lesquelles les produits passent du fabricant au consommateur. Pour être efficace, un canal de distribution doit remplir certaines fonctions: il doit (a) diviser le produit en quantités maniables, (b) présenter au consommateur un choix de produits qui correspond à ses besoins, (c) stocker une quantité suffisante du produit pour satisfaire les besoins immédiats du consommateur, (d) enfin, être une source d'information sur le produit.

Mais la fonction essentielle des canaux de distribution est de faciliter la distribution en limitant le nombre de transactions, ce qui fait diminuer le coût de la distribution. Par exemple, comme on le voit sur le schéma ci-dessous, trois fabricants veulent vendre leurs produits à cinq consommateurs. S'il n'y a pas d'intermédiaires, il y aura 15 transactions. Avec un intermédiaire, il n'y en a plus que 8. On élimine ainsi 7 transactions, d'où économie.

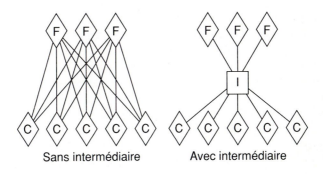

Sans intermédiaire   Avec intermédiaire

D'autre part, si le fabricant est loin des consommateurs, l'utilisation d'intermédiaire est absolument nécessaire.

Les différents canaux de distribution Il n'y a pas de canal de distribution parfait. Chaque entreprise doit choisir celui qui lui convient le mieux. Souvent, d'ailleurs, une entreprise utilise plusieurs canaux de distribution pour s'assurer différents marchés. Il lui faut également adapter ces canaux à la situation, les modifier si nécessaire, ou même les changer. On distingue quatre sortes de réseaux de base qui peuvent être modifiés selon le cas.

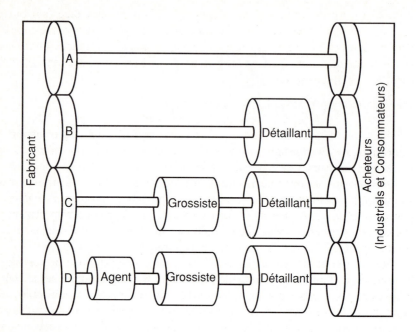

La vente directe (canal A) est assez rare. C'est le démarchage—la vente à
domicile—ou la vente de produits saisonniers au bord des routes. C'est aussi le
canal utilisé quand il s'agit d'une grosse vente à un client important comme le
gouvernement. Dans le canal B, le fabricant vend ses produits au détaillant qui est
en général une grosse entreprise commerciale telle qu'une chaîne de magasins. Le
canal C est le plus courant. Le canal D inclut un agent. Dans le cas où un fabricant
vend à plusieurs grossistes à la fois, il s'assure les services d'un agent qui n'achète
pas le produit au fabricant, mais qui le vend à sa place et reçoit une commission.

Grossistes et détaillants A l'inverse des agents, grossistes et détaillants
achètent le produit au fabricant et le revendent à leur compte.

Les grossistes doivent choisir les produits en fonction des besoins des
consommateurs. Puisqu'ils achètent de grosses quantités, ils doivent diviser ces
quantités en unités plus petites. Ils doivent stocker et surveiller les entrées et
sorties des stocks. Ils doivent non seulement vendre leurs marchandises, mais
aussi tenir au courant leurs clients et leurs fournisseurs de l'évolution du marché.

Les détaillants achètent en gros aux grossistes et revendent au détail aux
consommateurs. Il y a deux sortes de vente au détail: la vente en magasin et la
vente sans magasin.

La vente avec magasin se fait dans des magasins indépendants ou dans des
chaînes de magasins—grands magasins, supermarchés ou hypermarchés. Les
centres commerciaux ne sont pas à proprement parler des chaînes de magasins,
mais ils regroupent des détaillants pour former un grand centre de vente.

La vente sans magasin est de plusieurs sortes. Il y a d'abord le démarchage, c'est-à-dire la vente à domicile. La vente par correspondance (surtout par catalogue) et par téléphone ont maintenant deux nouvelles concurrentes: la vente par télévision et en France la vente électronique, grâce au Minitel†. Enfin, il y a les distributeurs automatiques, surtout pour la distribution des cigarettes, des sucreries[1] et des boissons[2] gazeuses.

La distribution physique

C'est ainsi qu'on appelle l'ensemble des déplacements d'un produit du point de fabrication au point de vente au consommateur. Il s'agit du transport, de l'entreposage, du contrôle des inventaires. Mais ces déplacements affectent aussi le service après-vente, les pièces de rechange, etc.

De nos jours, la distribution prend une très grande importance: les marchés s'agrandissent et sont de plus en plus à l'échelle internationale. Les communications deviennent de plus en plus faciles. Mais en même temps, les coûts des transports augmentent rapidement, ainsi que le financement des inventaires.

De plus, les consommateurs exigent des livraisons promptes. Pour avoir une distribution efficace, il faut donc satisfaire le client tout en minimisant le coût de cette distribution. Avant tout, il faut déterminer les normes de service à la clientèle: dans quels délais le client s'attend-il à être livré? Il ne faut ni sous-estimer, ce qui mécontenterait le client, ni surestimer, ce qui entraînerait des frais d'inventaire.

Il faut ensuite étudier les moyens de transport, l'entreposage et le contrôle des inventaires.

Le transport Le transport représente 20% des dépenses totales. Pour choisir le moyen de transport qui convient, le gestionnaire doit considérer la nature du produit, la distance à parcourir, les objectifs de la société, ainsi que la concurrence. D'autre part, le transport est lié aux autres éléments de la distribution, c'est-à-dire l'entreposage et les stocks, et doit être intégré dans une gestion d'ensemble.

Il existe cinq sortes de moyens de transport: ferroviaire, routier, aérien et maritime et fluvial. Le transport ferroviaire est le moyen de transport le plus utilisé rapport tonne/kilomètre. Toutefois, le transport ferroviaire est moins flexible que le transport routier parce que le réseau ferroviaire n'est pas aussi développé que le réseau routier.

---

[1]*candies, sweets*   [2]*beverages*

†The Minitel is a small computer linked by phone to a central computer. Conceived in France in 1978 by the Direction Générale des Télécommunications, it was to replace the telephone directories. The Minitel was distributed free to users who then pay for the numerous services offered: phone listings, of course, but also weather reports, sports scores, calendar of cultural events, airline bookings, shopping, and even "conversing" with potential ideal partners.

Le pourcentage de fret transporté par camion est de plus en plus grand. Le camion rivalise avec le train pour les gros chargements et avec l'avion pour les petits. Les transporteurs routiers sont plus flexibles que les autres: un camion peut transporter pratiquement tout ce qui peut entrer dedans.

Le transport aérien est le plus cher, mais le plus sûr. Il est utilisé surtout pour les denrées périssables et les produits de luxe. Le transport maritime fait surtout concurrence au rail. C'est un moyen lent, limité par le réseau fluvial et maritime.

L'entreposage Il ne suffit pas de garder les marchandises en bon état dans un endroit sûr, il faut aussi les classer, les étiqueter, les enregistrer. Le choix du genre d'entrepôt et de son site dépend bien sûr du produit. Il y a des entrepôts près des lieux de production pour les denrées périssables et les produits agricoles saisonniers. L'entreposage près des marchés est un choix qui est déterminé en fonction des consommateurs. Tout comme le transport, le choix d'entreposage est continuellement réexaminé en fonction de l'évolution du marché.

L'inventaire Le contrôle des inventaires est primordial. L'inventaire permanent consiste à enregistrer les entrées et les sorties au fur et à mesure et d'avoir ainsi un solde courant. En faisant un inventaire périodique, on détermine périodiquement la quantité des stocks. Le désavantage de cette méthode est qu'il faut fermer boutique et donc perdre des journées de vente.

Le petit détaillant peut également contrôler ses inventaires en regardant simplement le niveau de ses stocks de façon régulière. De nos jours l'informatique facilite grandement la gestion des stocks qui est l'un des domaines de la gestion des affaires et, en particulier, de la comptabilité.

Pendant longtemps la distribution a été la «Cendrillon»[3] du marketing qui lui préférait la promotion. Mais on se rend compte de plus en plus qu'une distribution efficace, tenant compte des progrès des techniques d'automatisation, est un véritable atout.

---

[3]*"Cinderella"*

ETUDE DES MOTS

Exercice 1   Study the following cognates that appear in this chapter.

le canal	le transport	flexible
la distribution	le délai	de luxe
la fonction	la nature	maritime
la quantité	la distance	périssable
la source d'information	le site	
le coût	l'avantage	diviser
l'intermédiaire	le désavantage	stocker
la sorte		limiter
la chaîne		diminuer
l'agent	suffisant	augmenter
la commission	direct	modifier
l'unité	indépendant	
	prompt	

Exercice 2   Match the word in Column A with its definition in Column B.

A	B
1. diminuer	a. le type
2. le délai	b. assez
3. la source	c. l'emploi
4. suffisant	d. rendre plus petit
5. le coût	e. une pièce
6. la commission	f. changer un peu
7. la sorte	g. rapide
8. augmenter	h. rendre plus grand
9. une unité	i. capable de changer
10. la chaîne	j. le temps pour faire quelque chose
11. la fonction	k. ce qu'on paie à quelqu'un pour vendre quelque chose
12. limiter	l. restreindre
13. modifier	m. le prix
14. flexible	n. le nombre
15. prompt	o. d'où vient l'information
16. la quantité	p. un ensemble d'établissements

Exercice 3   Match the English word or expression in Column A with its French equivalent in Column B.

A	B
1. seasonal	a. efficace
2. produce	b. maniable
3. maritime, shipping	c. saisonnier
4. on their behalf	d. périssable
5. air	e. ferroviaire
6. on their own	f. aérien
7. perishable	g. maritime
8. efficient	h. routier
9. pertaining to river transport	i. fluvial
10. manageable	j. à leur compte
11. railway	k. à leur place
12. pertaining to highway travel	l. la pièce de rechange
13. simultaneously and proportionately	m. au fur et à mesure
14. spare part	n. la denrée

Exercice 4   Match the vehicle in Column A with the means of transport in Column B.

A	B
1. le camion ou le poids-lourd	a. ferroviaire
2. le bateau	b. aérien
3. l'avion	c. routier

4. la péniche   d. maritime
5. le train   e. fluvial

Exercice 5   Select the appropriate word(s) to complete each statement.
1. Il y a beaucoup de demande pour ça en été car c'est un produit

_____.
   a. périssable   b. maniable   c. saisonnier
2. On doit le mettre dans le frigidaire. C'est très _____.
   a. périssable   b. maniable   c. saisonnier
3. Ce paquet est tellement grand et lourd qu'il n'est pas du tout _____.
   a. périssable   b. maniable   c. saisonnier
4. On doit enregistrer les entrées et les sorties des marchandises (du stock)

_____.
   a. à leur place   b. au fur et à mesure   c. à leur compte
5. Les détaillants vendent les marchandises _____.
   a. à leur place   b. au fur et à mesure   c. à leur compte
6. Un agent n'achète pas le produit aux fabricants. Il le vend _____ et
   reçoit une commission.
   a. à leur place   b. au fur et à mesure   c. à son compte
7. Les produits agricoles sont des _____.
   a. denrées   b. pièces de rechange   c. vaches

Exercice 6   Match the English word or expression in Column A with its
French equivalent in Column B.

A	B
1. ways	a. la vente par correspondance
2. network	b. le distributeur automatique
3. door-to-door sales	c. un atout
4. mail order	d. les voies
5. catalogue sales	e. le fournisseur
6. vending machine	f. le réseau
7. mall	g. le niveau
8. scale	h. le démarchage
9. supplier, dealer	i. le centre commercial
10. competition	j. la vente par catalogue
11. level	k. la concurrence
12. a real asset, a plus	l. l'échelle

Exercice 7   Tell what is being described.
1. une machine qui distribue des produits comme, par exemple, des boissons
   gazeuses
2. quelque chose qui vous aidera à réussir (avoir du succès)
3. une agglomération de magasins qui se trouve souvent en banlieue
4. la vente à domicile

5. la rivalité d'intérêts entre plusieurs commerçants qui essaient d'attirer la même clientèle

6. ensemble de voies de transport, de communication, etc.

Exercice 8   Tell what type of selling is being described.

1. On envoie un bon de commande par la poste.
2. On frappe à la porte pour vous vendre quelque chose.
3. On lit une annonce dans un catalogue et on décide de commander le produit.
4. On introduit de l'argent dans une machine pour acheter quelque chose.

Exercice 9   Match the English word or expression in Column A with its French equivalent in Column B.

A	B
1. wholesaler	a. le fournisseur
2. retailer	b. le fret
3. supplier, dealer	c. le déplacement
4. middleman	d. l'entreposage
5. means of transportation	e. le grossiste
6. delivery	f. la livraison
7. movement	g. les moyens de transport
8. truck	h. le camion
9. freight	i. le détaillant
10. load, shipment	j. le chargement
11. warehousing	k. l'intermédiaire

Exercice 10   Complete each statement with the appropriate word(s).

1. L'avion est un _____ très rapide.
2. Il y a deux _____ par jour, le matin et l'après-midi.
3. _____ est un moyen de transport routier.
4. Le pourcentage de _____ transporté par camion est très élevé car le transport routier est très développé et en conséquence très flexible.
5. Le camion rivalise avec le train pour les gros _____ et avec l'avion pour les petits _____.
6. Le _____ vend en gros et le _____ vend au détail.

COMPREHENSION

Exercice 1   Answer.

1. Qu'est-ce qu'on appelle les canaux de distribution?
2. Pourquoi faut-il stocker une quantité suffisante d'un produit?
3. Quelle est la fonction essentielle des canaux de distribution?
4. Comment les services des intermédiaires peuvent-ils faire faire en des économies?

5. Quand le fabricant s'assure-t-il des services d'un agent?
6. Quelle est la différence entre les grossistes ou les détaillants et les agents?
7. Qu'est-ce qu'un centre commercial?
8. Qu'est-ce que la distribution physique?
9. Qu'est-ce que le gestionnaire doit considérer avant de choisir le moyen de transport qui lui convient?
10. Qu'est-ce qu'on détermine en faisant un inventaire?

Exercice 2   True or false?
1. On fait des économies quand il n'y a pas d'intermédiaires.
2. Une entreprise n'emploie qu'un seul canal de distribution.
3. La vente des produits saisonniers comme les denrées est un exemple de vente directe.
4. La plupart de ventes se font par vente directe.
5. Les livraisons promptes n'intéressent pas beaucoup les consommateurs.
6. On peut garder des denrées dans le même entrepôt que les meubles.
7. L'inventaire permanent consiste à enregistrer les entrées et les sorties au fur et à mesure.
8. En faisant un inventaire périodique on a toujours un solde courant.

Exercice 3   Follow the directions.
1. Décrivez le travail d'un grossiste.
2. Décrivez le travail d'un détaillant.
3. Citez des exemples de la vente sans magasin.

Chapitre 21
LE PRIX

Comme nous l'avons vu dans le chapitre 15, le prix est l'une des quatre variables du marketing mix—les quatre P. C'est peut-être la variable la plus complexe à déterminer: il s'agit en effet de fixer un prix qui sera accepté par le consommateur, mais qui permettra aussi à l'entreprise de réaliser un bénéfice appréciable. Pour la plupart des consommateurs, le prix est ce qui les décide à acheter ou à ne pas acheter. Mais ce n'est pas seulement en fonction de leur portefeuille qu'ils prennent une décision, c'est aussi en fonction de la valeur qu'ils attachent au produit: certaines personnes n'hésitent pas à payer une petite fortune pour une bonne bouteille de vin, alors que d'autres crieront au scandale.

La fixation des prix

De nombreux facteurs interviennent dans la fixation des prix: on peut nommer l'offre et la demande, les coûts, le marché et le cycle de vie du produit.

L'offre et la demande C'est l'interaction de l'offre et la demande qui détermine la fixation des prix. Le schéma ci-dessous explique cette interaction.

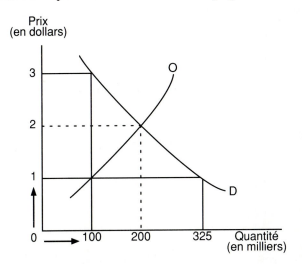

La courbe D est la demande, la courbe O est l'offre. Le rapport prix/quantité est essentiel; disons que pour un certain produit, on détermine que 2,00 dollars par unité est le prix que les consommateurs et les commerçants vont accepter pour une quantité de 200 000. Si le commerçant augmente le prix à 3,00 dollars, le nombre d'articles achetés baisse à 100 000, donc le commerçant est obligé de réduire le prix à 2,00 dollars, la valeur de départ, sinon il lui restera 100 000 articles invendus. D'autre part, si le consommateur ne veut pas payer plus d' 1,00 dollar, la production ne sera plus que de 100 000 unités. Au prix d' 1,00 dollar, la demande est de 325 000 unités, donc le consommateur sera prêt à payer plus cher. C'est d'ailleurs bien connu, ce qui est rare est cher! On voit donc que si la demande augmente (l'offre restant fixe), le prix augmente, et si la demande baisse, le prix baisse. D'autre part, si l'offre augmente (la demande restant fixe), le prix baisse, mais si l'offre diminue, le prix augmente. On voit à quel point un changement de prix ou de quantité affecte un équilibre déjà délicat.

Les coûts Cette méthode de fixation des prix est simple, donc très souvent utilisée. On additionne tous les coûts et on ajoute une marge de profit au total. L'inconvénient de cette méthode est que le prix ainsi déterminé risque de ne pas convenir au consommateur.

Le marché Lorsqu'il faut calculer les coûts, la méthode la plus facile pour fixer le prix est ce qu'on appelle la «pratique du prix du marché»: on aligne son prix sur celui de la concurrence. On peut également décider de fixer son prix au-dessous de celui du marché. C'est le cas des magasins de rabais. On peut aussi fixer le prix au-dessus de celui du marché. C'est le cas des magasins qui jouent la carte du prestige.

Le cycle de vie du produit Les phases du cycle de vie du produit—introduction, croissance, maturité et déclin—nécessitent des ajustements de prix. Si l'on choisit un prix élevé pour lancer le produit (phase d'introduction), il est probable que le prix baissera pendant la phase de croissance et vice versa, si on choisit un prix bas pour le lancement, le prix augmentera pendant la phase de croissance. Le prix pendant la phase de maturité est plus complexe à déterminer. En effet, pendant la phase de maturité, le produit continue à se vendre, mais les ventes n'augmentent pas aussi rapidement que pendant la phase de croissance. De plus, la concurrence est plus intense. Il faut donc ajuster le prix en conséquence. C'est souvent la phase où l'on voit des offres spéciales, des prix de promotion—«deux pour le prix d'un», par exemple. Pendant la phase de déclin, toute la stratégie de marketing est remise en question: la promotion est souvent supprimée et le prix du produit rehaussé. Ce qui nous mène à souligner le fait que le prix ne fonctionne pas seul. Il dépend des autres variables du marketing mix et le gestionnaire du marketing doit tenir compte de ce fait.

Les stratégies de prix

Il y a une grande variété de prix. Certaines sont basées sur la demande, d'autres sur l'offre.

Le prix d'écrémage Le prix est fixé initialement à un niveau élevé. Il est ensuite réduit graduellement pour que le produit puisse se vendre à différentes catégories de consommateurs. On s'adresse donc d'abord à une clientèle aisée qui ne se préoccupe pas trop du prix et on élargit ensuite le marché pour toucher des consommateurs qui n'accepteront que des prix inférieurs. C'est une bonne façon d'étudier le comportement des consommateurs et les tendances du marché.

Le prix de pénétration C'est le contraire du prix d'écrémage. Le prix de lancement du produit est fixé à un niveau bas, la promotion est intense et la quantité est en général importante. Cette politique a pour effet de décourager la concurrence.

Les prix non-arrondis ou psychologiques Il s'agit de prix tels que 1,99 dollars, 3,95 dollars. Pour des raisons psychologiques, il semble que l'acheteur pense qu'il faut une meilleure affaire en achetant un produit à 4,99 dollars plutôt qu'à 5,00 dollars. Cela n'a jamais été vérifié. On croit aussi qu'en attendant sa monnaie, l'acheteur est poussé à acheter autre chose.

Le prix unique Il s'agit, comme son nom l'indique, de fixer un prix unique. C'est une façon simple, mais cela présuppose que tous les consommateurs accepteront le prix fixé.

La discrimination des prix Il s'agit là de vendre un produit à des prix différents selon les différents segments du marché. Pour cela il faut justifier les différences de prix par des promotions qui s'appliquent à chacun des marchés visés.

L'alignement des prix Cette stratégie consiste à ne vendre des produits qu'à certains niveaux de prix. Par exemple, un commerçant peut décider de vendre des produits qui coûtent 10, 25 et 40 dollars. Le contrôle des stocks est ainsi très simplifié.

Mais toutes ces stratégies ne sont là que pour faire acheter le consommateur. Il est souvent difficile de déterminer les facteurs psychologiques décisifs. Le prix est l'influence primordiale pour la majorité des consommateurs. Toutefois, pas nécessairement un prix bas; il faut que le prix corresponde à l'image que le consommateur se fait du produit. Si le prix est bas, le consommateur qui a en tête un produit de luxe, percevra ce produit comme étant de mauvaise qualité et en achètera un plus cher. Le comportement humain, avec tout ce qu'il a d'imprévisible, est encore une fois à l'étude.

ETUDE DES MOTS

Exercice 1   Study the following cognates that appear in this chapter.

la variable	la maturité	complexe
la fortune	le déclin	fixe
le facteur	la phase	décisif
le total		
le cas		déterminer
l'introduction		additionner

Exercice 2   Complete each statement with the appropriate word(s).

1. Il est très cher, ce pâté. Cette boîte t'a coûté _____.
2. Ce qu'il a dit, ce n'est pas le _____. Je vais t'expliquer combien je l'ai payé.
3. Le prix pour toi, ce n'est jamais un _____.

Exercice 3   Give the word being defined.
1. le contraire de «enfance» ou de «jeunesse»
2. le contraire de «commencement»
3. une étape
4. la somme
5. qui peut changer
6. compliqué
7. ajouter une chose à une autre
8. crucial

Exercice 4   Match the English word or expression in Column A with its French equivalent in Column B.

A	B
1. supply	a. augmenter
2. demand	b. la fixation des prix
3. value	c. la marge de profit
4. to mark up	d. la demande
5. to mark down	e. le prix d'écrémage
6. profit margin	f. les prix non-arrondis
7. to set a price	g. l'alignement des prix
8. price setting	h. l'offre
9. what the market will bear	i. la discrimination des prix
10. (price) skimming	j. les coûts
11. penetration pricing	k. baisser
12. odd pricing	l. le prix du marché
13. discrimination pricing	m. la valeur
14. cost-plus pricing	n. le prix de pénétration
15. price lining	o. fixer un prix
16. promotion pricing	p. le prix de promotion

Exercice 5   Complete each statement with the appropriate word(s).
1. Le pourcentage du bénéfice que l'entreprise veut réaliser est _____.
2. Le prix que le commerçant croit que le consommateur voudra payer est
   _____.
3. Avant de lancer un produit il faut _____ le prix.
4. La quantité disponible, c'est _____.
5. La quantité qu'on pourra vendre, c'est _____.
6. L'interaction de _____ et de _____ intervient dans la fixation
   des prix.
7. Si le gestionnaire veut réaliser plus de bénéfices, il faudra _____ le
   prix.
8. Si les consommateurs considèrent le prix trop élevé, il faudra le
   _____.

Exercice 6   Tell what is being described.
1. Il faut mieux fixer le prix à 5,98 dollars qu'à 6,00 dollars.
2. Aligner le prix sur celui de la concurrence ou sur celui qui sera accepté par les consommateurs.
3. Ajouter une marge de profit au total des coûts du produit pour fixer le prix.
4. Faire une offre spéciale comme, par exemple, «deux pour le prix d'un».
5. Stocker seulement des produits qui ont certains niveaux de prix, comme par exemple, des complets à 100, 125 et 150 dollars.
6. Fixer un prix bas pour le lancement du produit en espérant que le prix bas augmentera la demande et découragera la concurrence.
7. Fixer un prix élevé pour le lancement d'un produit et réduire le prix graduellement pour toucher plusieurs catégories de consommateurs.
8. Fixer des prix différents pour les différentes catégories de consommateurs.

Exercice 7   Match the English word or expression in Column A with its French equivalent in Column B.

A	**B**
1. wallet	a. intervenir
2. to come into play	b. diminuer
3. curve	c. lancer un produit
4. ratio	d. avoir en tête
5. unsold	e. toucher
6. to lessen, reduce	f. le portefeuille
7. discount store, bargain outlet	g. invendu
8. life of the product	h. la croissance
9. to launch a product	i. supprimer
10. growth	j. la courbe
11. to broaden, expand	k. le rapport
12. to reach (a market)	l. le magasin de rabais
13. to cut back, stop, cancel, curtail	m. souligner
14. to raise (a price)	n. élargir
15. to have in mind	o. la vie du produit
16. to add up	p. ajouter
17. to add	q. additionner
18. to emphasize	r. augmenter

Exercice 8   Complete each statement with the appropriate word(s).
1. La quantité d'argent que j'ai dans mon _____ ne me permettra pas d'acheter cela.
2. La _____ O sur le schéma indique l'offre et la _____ D indique la demande.
3. La période de déclin suit celle de _____.
4. Quand un produit est en déclin, les commerçants ont tendance à _____ la promotion.

5. Les magasins qui jouent la carte du prestige fixent des prix élevés et les
_____ ont des prix bas (réduits).
6. Il faut _____ que le prix est une considération primordiale en
déterminant le succès du produit.
7. On _____ un nouveau produit, pas un produit en déclin.
8. Il faut _____ tous les coûts avant de fixer un prix et déterminer le
bénéfice qu'on réalisera.
9. Le _____ prix/quantité est très important.
10. Au total des coûts, il faut _____ une marge de profit.
11. Il reste beaucoup de marchandises; il y a beaucoup de stock _____.

COMPREHENSION

Exercice 1   Answer.
1. Quelle est une des quatre variables du marketing mix?
2. Quels sont deux facteurs importants quand on fixe le prix d'un produit?
3. Qu'est-ce qui se passe si la demande baisse et l'offre reste fixe?
4. Qu'est-ce qui se passe si la demande d'un produit augmente et l'offre reste
fixe?
5. Quel est le risque de fixer un prix basé sur les coûts avec une marge de
profit ajoutée?
6. Pendant quelle phase du cycle de vie d'un produit les entreprises font-elles
plus de promotion?
7. Pendant quelle phase du cycle de vie la concurrence est-elle plus intense?
8. Quel est un exemple d'un prix de promotion?
9. Quel est le contraire du prix d'écrémage?

Exercice 2   True or false?
1. Pour beaucoup de consommateurs le prix est ce qui les décide à acheter ou
à ne pas acheter.
2. Tout le monde est prêt à payer une fortune pour une bonne bouteille de vin.
3. Si le prix est trop bas tout le monde crie au scandale.
4. D'après la stratégie du prix d'écrémage, le prix initial est très bas et il est
ensuite augmenté.
5. Le prix de pénétration est basé sur la même stratégie que celle du prix
d'écrémage.

Exercice 3   In your own words, explain each of the following terms.
1. les prix non-arrondis
2. l'alignement des prix
3. le prix d'écrémage
4. la discrimination des prix
5. le prix de promotion

Chapitre **22**
LA PROMOTION

La promotion ou communication marketing comprend non seulement la publicité, mais aussi la force de vente de l'entreprise, la promotion des ventes, la publicité gratuite et les relations publiques. Le problème de communication se retrouve dans tous les domaines. De base, il faut que l'émetteur et le récepteur aient une partie de leurs champs de perception respectifs en commun pour qu'ils puissent se comprendre.

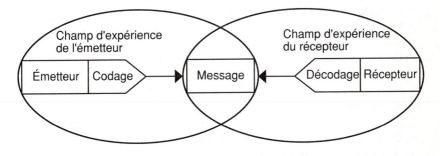

La communication en marketing n'est pas différente de la communication en général. L'entreprise doit trouver un champ d'expérience commun à son champ à elle qui est essentiellement technique et professionnel et celui du consommateur qui est pratique (utilisation du produit) et privé. Il y a deux sortes de communication marketing: de masse et personnalisée.

La communication marketing de masse

Les moyens de communication marketing de masse tels que la publicité, la promotion des ventes, les relations publiques et la publicité gratuite sont utilisés pour toucher un grand nombre de clients ou de consommateurs en puissance.

La publicité Comment la publicité agit-elle sur le consommateur? Une chose est certaine, c'est que la publicité ne le fera pas acheter quelque chose qu'il n'est pas prêt à acheter. Il ne faut pas surestimer le pouvoir de la publicité. Le responsable du marketing doit tout d'abord se familiariser avec le comportement des consommateurs auxquels le produit est destiné. Mais il a ensuite des décisions importantes à prendre en ce qui concerne les domaines suivants: les objectifs de la campagne; le budget; les messages publicitaires; les média qui seront utilisés et le calendrier publicitaire; et le contrôle de l'efficacité de la campagne. Tous ces domaines sont liés; la création de messages publicitaires dépend des média choisis, par exemple.

Les objectifs de la campagne Les objectifs publicitaires doivent être définis en termes de communication: améliorer la connaissance qu'ont les consommateurs d'un certain produit, faire que les consommateurs restent fidèles à ce produit, les faire changer de marque ou les faire acheter davantage. Quoi qu'il en soit, un objectif doit être clairement formulé et doit spécifier le groupe de consommateurs visé, la tâche d'information à accomplir—et quantifier cette tâche—, enfin spécifier aussi les délais de la campagne. Voici un exemple d'objectif: augmenter les ventes du produit de 20% auprès des personnes de plus de 50 ans, dans un délai de six mois. Définir ainsi l'objectif publicitaire permet de contrôler l'efficacité de la campagne.

Le budget publicitaire De nombreuses méthodes, plus ou moins scientifiques, sont utilisées pour déterminer le budget. Une méthode consiste à attribuer à la publicité le montant qui reste, une fois que tout le budget a été réparti. C'est la méthode la plus simple, mais c'est aussi celle qui risque de coûter plus cher qu'il n'est nécessaire. Une autre méthode est de consacrer au budget publicitaire un pourcentage des ventes. C'est également une méthode simple, mais elle a l'inconvénient d'être fondée sur un principe inacceptable: en marketing, c'est la publicité qui crée les ventes et non l'inverse. En effet, en adoptant cette méthode, quand les ventes baissent, la publicité baisse aussi, or cela devrait être le contraire si l'on veut rattraper les ventes.

Le message publicitaire Les dépenses pour la création du message publicitaire sont généralement faibles par rapport aux dépenses consacrées aux média. Et pourtant, c'est le côté création qui retient l'attention du consommateur. Il y a même un festival du film publicitaire à Cannes. Les films publicitaires sont de véritables films qui coûtent très cher. Par exemple, les publicités pour Pepsi Cola coûtent des millions de dollars.

D'autre part, la forme que prend le message dépend totalement des média choisis. Il y a toutefois certaines tendances:

Le témoignage: un expert recommande tel ou tel autre produit: un champion de tennis recommande telle ou telle marque de raquette.

La vie de tous les jours: la ménagère recommande le produit parce qu'elle l'a utilisé et qu'elle en est parfaitement satisfaite.

La science: tous les médecins, dentistes, etc., sont d'accord pour dire qu'il s'agit du meilleur produit possible.

La comparaison: tel produit est meilleur que celui du concurrent.

L'humour: le produit est présenté de façon humoristique. C'est la façon préférée des Européens et surtout des Français. Aux Etats-Unis, on se heurte quelquefois aux différents groupes ethniques, religieux, etc., qui se sentent parfois attaqués par un message trop humoristique.

La publicité à caractère sexuel est utilisée pour vendre un peu de tout.

Quelle que soit la façon de concevoir le message, il doit inciter le consommateur à acheter.

Les média et le calendrier publicitaire Dépendant du public visé et des caractéristiques du produit, le responsable du marketing choisira la télévision plutôt que la radio ou les magazines. Le choix des média est aussi une question d'argent: si l'on dispose d'un petit budget pour la publicité, la télévision sera certainement trop chère. Une fois que le type de média est choisi, il faut décider des supports à employer: les journaux, les magazines, les chaînes de télévision ou même, les émissions. Ensuite on établit un calendrier pour chacun de ces supports: les numéros des magazines, le jour et l'heure des émissions où les annonces paraîtront.

Le contrôle de l'efficacité de la campagne publicitaire Il est important de contrôler l'efficacité de la campagne publicitaire dès le départ. En partant des objectifs de communication, on peut déterminer, pendant et après la campagne, ce que sont les attitudes des consommateurs à l'égard de la marque, comment ces attitudes ont évolué, et effectuer les changements nécessaires, ce qui permet d'éviter des frais inutiles.

La promotion des ventes La promotion des ventes désigne toutes les activités qui stimulent la vente, autres que la publicité (ou la publicité gratuite). Il y a plusieurs techniques très courantes:

> l'échantillonnage, c'est-à-dire la distribution d'échantillons, soit directement dans la rue, dans les magasins ou par la poste
>
> les bons de réduction
>
> les concours et les loteries
>
> les articles offerts en prime, c'est-à-dire un genre de cadeau que l'on reçoit quand on achète un produit donné
>
> les offres spéciales
>
> les foires et les expositions
>
> les articles promotionnels: pochettes d'allumettes, calendriers qui sont distribués gratuitement

Toutes ces techniques ne sont efficaces que si elles sont incorporées au plan d'ensemble de communication marketing.

Les relations publiques Les activités du service des relations publiques augmentent de plus en plus dans la société moderne. Ce service évalue non seulement l'attitude des consommateurs vis-à-vis de l'entreprise, mais aussi celle des intermédiaires, des employés de la compagnie, des actionnaires. Ce service est un lien avec le monde extérieur, la presse et le public. C'est aussi le service des relations publiques qui se charge d'obtenir gratuitement de l'espace imprimé dans les journaux ou magazines ou du temps à la télévision. C'est le même service qui rédige les communiqués de presse et organise des conférences de presse, des réceptions pour la diffusion du produit.

La communication marketing personnalisée

La communication marketing personnalisée envoie à chacun des consommateurs un message individuel par l'intermédiaire d'une personne—un vendeur ou un agent. Il existe de nombreuses sortes de représentants, selon le produit vendu: les livres ne se vendent pas de la même façon que les aspirateurs[1]. Néanmoins, les étapes à suivre sont à peu de choses près les mêmes.

Identifier les clients potentiels est le premier stade. Il faut que le représentant fasse une liste des clients à contacter en se servant de listes pertinentes. Le représentant doit ensuite se renseigner sur ces clients et déterminer s'il a des chances de leur vendre son produit. Le stade suivant est la préparation de la présentation. C'est très semblable à la préparation du message publicitaire lorsqu'il s'agit d'une communication de masse. Puis vient la présentation même. C'est là que le représentant utilise tout son talent pour convaincre le client. Ensuite vient la vente: savoir jusqu'où pousser le client éventuel est un art qui fait appel à une certaine sensibilité de la part du représentant. Enfin la vente doit être suivie de l'après-vente. Si le représentant veut garder ses clients, il faut qu'il leur garantisse entière satisfaction.

Donc, que ce soit par communication marketing de masse ou par communication marketing personnalisée, une entreprise peut transmettre le message «achat» à des consommateurs qui, avec un peu de chance, le recevront et l'assimileront, ce qui se transformera en ventes pour l'entreprise.

---

[1]*vacuum cleaners*

ETUDE DES MOTS

Exercice 1   Study the following cognates that appear in this chapter.

la promotion	la presse	familiariser
l'objectif	la présentation	spécifier
la campagne	l'entière satisfaction	accomplir
le budget		attribuer
le média, les média	technique	risquer
le contrôle	professionnel	recommander
le groupe	pratique	concevoir
la comparaison	personnalisé	inciter
l'humour	de masse	effectuer
la télévision	potentiel	stimuler
la radio		identifier
le magazine		contacter
le changement		garantir

Exercice 2   Tell what is being defined.
1. la télévision et la radio
2. les journaux et les magazines
3. la modification, la transformation
4. encourager, pousser
5. former, élaborer dans son imagination
6. suggérer, proposer
7. accorder, contribuer

8. hasarder
9. préciser
10. rendre familier
11. nommer
12. communiquer avec
13. assurer, certifier
14. accomplir

Exercice 3   Give the French equivalent of each of the following.
1. complete satisfaction
2. campaign
3. mass
4. practical
5. potential, prospective

Exercice 4   Match the English word or expression in Column A with its French equivalent in Column B.

A	B
1. marketing promotion	a. retenir l'attention
2. advertising campaign	b. les relations publiques
3. advertising	c. le représentant
4. free advertising	d. la tâche d'information
5. sales promotion	e. le plan d'ensemble de marketing
6. public relations	f. la communication marketing
7. sales force	g. le délai de la campagne
8. representative	h. la publicité
9. advertising schedule	i. la promotion des ventes
10. time frame of the campaign	j. la force de vente
11. information task	k. la publicité gratuite
12. to grab (get) the attention	l. le vendeur, la vendeuse
13. overall marketing plan	m. la campagne publicitaire
14. salesperson	n. le calendrier publicitaire

Exercice 5   Select the appropriate word(s) to complete each statement.
1. _____ comprend la publicité, la force de vente, la promotion et les relations publiques.
   a. La promotion des ventes   b. La communication marketing
   c. Le calendrier publicitaire
2. On va organiser _____ pour lancer le nouveau produit.
   a. des relations publiques   b. une tâche d'information
   c. une campagne publicitaire
3. _____ comprend tous les vendeurs.
   a. La promotion des ventes   b. Les responsables du marketing
   c. La force de vente

4. La campagne publicitaire doit spécifier _____ de la campagne, c'est-à-dire la période de temps pendant laquelle on voudra obtenir des résultats.

  a. les objectifs   b. la durée de la campagne   c. la promotion

5. Le vendeur s'appelle aussi _____.

  a. le représentant   b. le responsable du marketing   c. la force

6. Le _____ fixe la date qu'on effectuera chaque stade de la campagne publicitaire.

  a. message publicitaire   b. calendrier publicitaire

  c. lancement du produit

7. Le service _____ est le lien de l'entreprise avec le monde extérieur, la presse, le public, etc.

  a. de la publicité   b. ventes   c. des relations publiques

8. Acheter ce produit et recevoir un article en prime est un exemple de

  _____.

  a. promotion   b. publicité   c. vente

Exercice 6   Match the English word or expression in Column A with its French equivalent in Column B.

A	B
1. broadcast	a. le moyen
2. sender	b. par rapport à
3. receiver	c. le montant
4. realm of experience	d. l'échantillon
5. means	e. en puissance
6. potential	f. l'échantillonnage
7. brand	g. le concours
8. more	h. l'émission
9. total, sum	i. le principe
10. principle	j. la marque
11. expenses	k. l'offre spéciale
12. compared to	l. l'émetteur
13. sampling	m. le récepteur
14. sample	n. le bon de réduction
15. discount coupon	o. davantage
16. contest	p. les dépenses
17. special offer	q. le champ d'expérience

Exercice 7   Complete each statement with the appropriate word(s).

1. C'est _____ qui envoit le message et c'est _____ qui le reçoit.

2. Un _____ de la publicité c'est que la publicité ne fera pas acheter au consommateur quelque chose qu'il n'est pas prêt d'acheter.

3. Il existe souvent des _____ chères et des _____ économiques du même genre de produit.

4. Pendant le mois d'août la ligne aérienne a une _____ pour les vols entre New York et la Californie; une réduction de 50%.
5. A l'entrée du grand magasin on distribue des _____ de parfum.
6. Lui, il voyage souvent et son ami ne voyage jamais. Les deux n'ont pas le même _____.
7. Il n'a jamais assez d'argent car il y a beaucoup de _____.
8. Si vous donnez le _____ au caissier, vous paierez un prix réduit.

Exercice 8   Match the English word or expression in Column A with its French equivalent in Column B.

A	B
1. to reach	a. répartir
2. to overestimate	b. une étape
3. to allot	c. la conférence de presse
4. to allocate, assign	d. le stade
5. to regain market share	e. toucher
6. to edit, write	f. consacrer
7. press release	g. rattraper le marché
8. press conference	h. pousser le client
9. stage	i. l'après-vente
10. step	j. le communiqué de presse
11. to convince	k. surestimer
12. to push the client	l. convaincre
13. sales follow-up	m. rédiger

Exercice 9   Complete each statement with the appropriate word(s).
1. L'entreprise a perdu beaucoup de ventes et la gestion veut faire un grand effort pour _____.
2. Il faut _____ le message publicitaire de telle façon qu'il ne choque aucun groupe culturel.
3. Si l'entreprise veut garder ses clients et faire que les consommateurs restent fidèles à son produit, il faut suivre la vente avec _____.
4. Si l'entreprise veut _____ un grand public, il faut avoir un très bon plan d'ensemble de marketing.
5. Un bon vendeur sait jusqu'à quel point il peut _____ le client éventuel.
6. Il est dangereux de _____ la puissance de la publicité. La publicité ne fera pas acheter le client s'il n'est pas prêt.
7. Chaque étape du programme ou de la campagne a des _____.
8. C'est la présentation que fait le vendeur qui pourra _____ le client d'acheter le produit.
9. Les dépenses du budget publicitaire _____ aux média sont souvent phénoménales.

Exercice 10   Select the appropriate word(s) to complete each statement.

1. L'image ou le concept de l'entreprise qu'on veut communiquer au public se fait souvent par _____.

   a. des communiqués de presse   b. un message publicitaire   c. le média

2. Pour _____ le public, il faut avoir une campagne publicitaire.

   a. viser   b. toucher   c. répartir

3. Le service _____ se préoccupe des attitudes des consommateurs vis-à-vis de l'entreprise.

   a. d'après-vente   b. des média   c. des relations publiques

4. Si vous remplissez _____, vous aurez le droit à un prix spécial.

   a. ce bon de réduction   b. cette offre spéciale   c. cet échantillon

5. Ce soir il y aura _____ spéciale sur la chaîne deux.

   a. un communiqué de presse   b. un récepteur   c. une émission

Exercice 11   Match the word or expression in Column A with its equivalent in Column B.

A	B
1. le représentant	a. le récepteur
2. la force de vente	b. le montant
3. sans payer	c. le vendeur
4. ce qui envoit le message	d. le moyen
5. ce qui reçoit le message	e. davantage
6. la façon	f. tous les vendeurs
7. potentiel, en puissance	g. gratuit
8. plus	h. éventuel
9. la somme	i. l'émetteur

COMPREHENSION

Exercice 1   Answer.

1. Qu'est-ce que la communication marketing?
2. Quel est le problème de communication qui se retrouve dans tous les domaines?
3. Quels doivent être les objectifs d'une campagne publicitaire?
4. Pourquoi l'entreprise ne doit-elle pas toujours attribuer ou consacrer au budget publicitaire un pourcentage des ventes?
5. Quel est l'objectif primordial du message publicitaire?
6. Qu'est-ce que la promotion des ventes?
7. Quels sont deux exemples de promotion des ventes?
8. Qu'est-ce que le service des relations publiques évalue?

Exercice 2   True or false?
1. La publicité fera acheter quelque chose au consommateur même s'il n'est pas vraiment prêt à l'acheter.
2. La création du message publicitaire dépend des média choisis.
3. Avant de prendre des décisions sur la campagne de publicité, on doit spécifier le groupe de consommateurs visé.
4. Les média choisis pour la campagne publicitaire n'ont rien à voir avec le public visé.
5. Les média choisis n'ont rien à voir avec le budget publicitaire.
6. Les dépenses pour le message publicitaire sont généralement très élevées par rapport aux dépenses consacrées aux média.
7. La façon de concevoir le message publicitaire est aussi importante que le message-même.
8. Le vendeur, l'agent ou le représentant de l'entreprise est un exemple de communication marketing de masse.

Exercice 3   Follow the directions.
1. Précisez les décisions à prendre quand on planifie une campagne publicitaire.
2. Précisez quelques responsabilités importantes d'un vendeur (d'un représentant des ventes).

Exercice 4   In your own words, explain each of the following terms.
1. la communication marketing de masse
2. la communication marketing personnalisée
3. la publicité gratuite
4. les relations publiques

Chapitre **23**
LE MARKETING INTERNATIONAL

On dit que le monde devient de plus en plus petit. Si l'on en juge par les échanges commerciaux, c'est un fait. Grâce à l'essor des moyens de communication, les échanges commerciaux se sont développés très rapidement.

Les principes de base de marketing s'appliquent au marketing international. Il y a néanmoins des facteurs individuels à considérer, dont le plus important est le facteur culturel.

L'environnement culturel

Le comportement des consommateurs est dicté par leur culture et c'est la première responsabilité du directeur du marketing de connaître ces caractéristiques culturelles et d'adapter les stratégies de marketing mix en conséquence. Il s'agit non seulement de connaître les exigences de la religion du pays en question, la structure familiale, les coutumes commerciales, mais aussi de connaître la langue et ce que certains sons peuvent suggérer ou la signification de certaines couleurs ou fleurs. La Chevrolet Nova ne démarrait pas en Amérique Latine; on s'est finalement aperçu que *no va* en espagnol veut dire «ne va pas». Il faut aussi savoir qu'en France les chrysanthèmes sont des fleurs qu'on met sur les tombes des chers disparus le 1er novembre et qu'un œillet[1] blanc est symbole de mort dans les pays d'Orient. Il faut aussi considérer le système et niveau d'éducation, ainsi que tous les facteurs qui déterminent la situation d'un individu dans son cadre social.

L'environnement politique

La plupart des pays ont leurs propres lois qui règlent la pénétration de leur marché par les sociétés étrangères. Le responsable du marketing doit donc se familiariser avec ces règlements et les produits doivent être modifiés en conséquence. Le fait que le système métrique est utilisé dans la plupart des pays industrialisés autres que les Etats-Unis, nécessite souvent des modifications importantes. Lorsqu'il s'agit de clavier, par exemple, les touches ne sont pas les mêmes pour toutes les langues. Le papier à machine à écrire en France n'a pas les mêmes dimensions qu'aux Etats-Unis (il est plus grand).

---

[1] *carnation*

L'environnement économique

Les besoins des consommateurs sont déterminés par la situation économique du pays ou de la région. Il est inutile d'installer une usine de réfrigérateurs dans un pays agricole qui a besoin avant tout de production et réparation de machines agricoles.

Toutes les économies ne sont pas industrialisées. Il existe encore des économies de subsistance qui ne vivent que des produits de la terre. D'autres économies en voie d'industrialisation montent leurs industries de transformation. Pour les pays industrialisés, ce sont les produits finis qui sont les plus intéressants.

L'état de la balance commerciale, la balance des paiements et le taux de change sont les éléments primordiaux à considérer. La balance commerciale est la différence entre les importations et les exportations. Il est préférable d'avoir une balance commerciale excédentaire, c'est-à-dire que les exportations sont plus importantes que les importations. La balance des paiements est la différence entre les entrées et les sorties de devises. De nombreux pays industrialisés ont une balance des paiements déficitaire. Le taux de change est la valeur d'échange entre deux devises. Plus une monnaie est en demande, plus sa valeur est élevée.

De base, le marketing mix est le même pour le marché international que pour le marché national. La seule différence pour le marché international est qu'il faut qu'il soit adapté au pays considéré. De plus, de nombreux pays facilitent l'expansion commerciale de leurs entreprises.

A la lumière des récents événements politiques, en autres l'ouverture de l'Europe de l'Est et l'avènement de l'Europe Unie, le marketing international prend une place de premier plan.

ETUDE DES MOTS

Exercice 1   Study the following cognates that appear in this chapter.

l'échange	le système métrique	culturel
la caractéristique	la modification	religieux
la religion	l'industrie	industrialisé
la structure familiale	l'importation	international
le chrysanthème	l'exportation	national
le système d'éducation		
l'environnement		nécessiter
la société		faciliter

Exercice 2   Give the word being defined.
1. l'ambiance
2. l'action d'envoyer des marchandises à d'autres pays
3. l'action de recevoir des marchandises fabriquées dans des pays étrangers
4. le changement
5. relatif à beaucoup de pays différents

6. le milieu humain dans lequel les personnes sont intégrées
7. se dit d'un pays qui a beaucoup d'industries
8. le catholicisme, le protestantisme, le judaïsme, l'islam, etc.
9. exiger
10. faire ou rendre plus facile

Exercice 3 Match the English word or expression in Column A with its French equivalent in Column B.

A	B
1. stride	a. le niveau
2. requirements	b. le son
3. custom	c. le cadre social
4. sound	d. l'essor
5. level	e. le clavier
6. social ladder (scale)	f. les touches
7. very important	g. les exigences
8. keyboard	h. primordial
9. keys, buttons	i. la coutume

Exercice 4 Complete each statement with the appropriate word(s).
1. Une machine à écrire a un _____.
2. Et le clavier de la machine à écrire a des _____.
3. Les Dejarnac ont la _____ de dîner assez tard.
4. Un objectif _____ de la promotion est celui de vendre davantage.
5. Je n'aime pas le _____ de ce piano.
6. Les _____ de la société jouent un rôle primordial en déterminant la production des biens et services.

Exercice 5 Match the English word or expression in Column A with its French equivalent in Column B.

A	B
1. trade balance, balance of trade	a. la balance des paiements
2. balance of payments	b. la monnaie
3. deficit value	c. la valeur d'échange
4. surplus value	d. les devises
5. currency	e. la balance commerciale
6. currency, foreign bills	f. excédentaire
7. exchange	g. le taux de change
8. exchange rate	h. le change
9. exchange value	i. déficitaire

Exercice 6 Complete each statement with the appropriate word(s).
1. Le _____ est à 5 francs le dollar.
2. Leur balance est _____ car ils ont plus d'importations que d'exportations.

3. Les monnaies étrangères sont des _____.
4. La différence entre les entrées et les sorties de devises est _____.
5. Une balance _____ est préférable à une balance déficitaire.

COMPREHENSION _____

Exercice 1   Answer.
1. Que doit connaître le directeur du marketing d'une entreprise multinationale?
2. Quand on fait de la publicité en France pourquoi est-il préférable d'éviter les chrysanthèmes?
3. Pourquoi faut-il modifier les mesures indiquées sur des produits américains si l'on veut les commercialiser en Europe?
4. Pourquoi les touches du clavier d'une machine à écrire ne sont-elles pas toujours les mêmes?
5. Qu'est-ce que la balance commerciale?
6. Les Etats-Unis ont une balance commerciale excédentaire ou déficitaire?
7. Qu'est-ce que la balance des paiements?

Exercice 2   True or false?
1. Les principes de base de marketing qui s'emploient aux Etats-Unis ne s'appliquent pas du tout au marketing international.
2. Il vaut mieux avoir une balance des paiements déficitaire.
3. Si une devise est très demandée, sa valeur devient plus élevée.
4. A la lumière des événements récents surtout en Europe de l'Est, le marketing international va devenir de plus en plus important.

Exercice 3   Match the word or expression in Column A with its definition in Column B.

A	B
1. la monnaie française	a. la différence entre les entrées et les sorties de devises
2. les devises étrangères	
3. la balance des paiements	b. le dollar à 5 francs
4. le taux de change	c. le franc suisse, la livre sterling, le yen japonais
	d. le franc français

Exercice 4   Follow the directions.
    Vous parlez à un responsable du marketing en France. Dites-lui ce qu'il doit éviter quand il fait de la publicité ou de la promotion pour le marché américain.

ANSWERS TO VOCABULARY EXERCISES

LE COMMERCE

CHAPITRE 1: Qu'est-ce que le commerce?

Exercice 2
1. paiement   2. produit   3. satisfaction   4. divisible   5. transportable
6. participant

Exercice 3
1. c   2. e   3. a   4. b   5. f   6. d   7. h   8. g   9. j   10. i

Exercice 4
1. produire   2. le produit   3. la marchandise   4. la transaction   5. inférieur
6. intérieur

Exercice 5
1. e   2. h   3. l   4. a   5. f   6. b   7. i   8. g   9. k   10. c   11. j   12. d

Exercice 6
1. le vendeur   2. l'acheteur   3. le bénéfice   4. le profit   5. le but   6. la tâche
7. le genre   8. le commerce de gros   9. le commerce de détail   10. le commerce

Exercice 7
1. c   2. b   3. c   4. b   5. a   6. c   7. c

Exercice 8
1. a   2. d   3. g   4. b   5. i   6. m   7. c   8. h   9. e   10. f   11. k   12. j
13. l

Exercice 9
1. b   2. a   3. b   4. a   5. a   6. b

Exercice 10
1. le prix   2. la marchandise   3. l'argent   4. le nombre   5. l'argent liquide
6. la somme

CHAPITRE 2: Les systèmes économiques

Exercice 2
1. e   2. g   3. a   4. i   5. b   6. f   7. c   8. j   9. d   10. h

Exercice 3
1. a   2. b   3. b   4. a   5. a   6. b   7. a   8. a

Exercice 4
1. a   2. c   3. a   4. c

Exercice 5
1. d   2. a   3. g   4. b   5. e   6. i   7. f   8. j   9. c   10. h

Exercice 6
1. d   2. a   3. g   4. i   5. m   6. b   7. h   8. j   9. c   10. n   11. o   12. e
13. k   14. f   15. l   16. q   17. p

Exercice 7
1. b   2. d   3. g   4. i   5. a   6. e   7. j   8. c   9. f   10. h

Exercice 8
1. a   2. d   3. j   4. b   5. f   6. h   7. c   8. g   9. e   10. i

Exercice 9
1. services sociaux   2. L'Etat   3. appartenir   4. à l'encontre   5. biens, services
6. impôts

Exercice 10
1. c   2. c   3. c   4. b   5. c

CHAPITRE 3: Les entreprises commerciales

Exercice 2
1. le géant   2. un individu   3. l'état   4. les fonds   5. acquérir   6. le domicile
7. la majorité   8. le pourcentage   9. le risque   10. le futur

Exercice 3
1. d   2. e   3. b   4. a   5. c

Exercice 4
1. b   2. c   3. b   4. a   5. a

Exercice 5
1. d   2. e   3. h   4. f   5. a   6. j   7. i   8. b   9. g   10. c

Exercice 6
1. a   2. e   3. d   4. f   5. b   6. c

Exercice 7
1. b   2. c   3. a   4. a   5. c   6. b

Exercice 8
1. f   2. a   3. h   4. d   5. j   6. n   7. l   8. g   9. b   10. c   11. e   12. m
13. i   14. k   15. o

Exercice 9
1. droit   2. dividendes   3. action   4. titre, obligation   5. intérêts   6. obligations
7. augmente   8. risque, diminue   9. faillite   10. intérêts

Chapitre 4: Les responsabilités sociales et morales des entreprises

Exercice 2
1. le propriétaire   2. le directeur   3. un employé   4. le consommateur
5. le dilemne   6. le magnat   7. le scandale   8. dévorer
9. la marchandise défectueuse   10. la discrimination   11. le site   12. la controverse

Exercice 3
1. c   2. e   3. f   4. a   5. d   6. g   7. b

Exercice 4
1. défectueuse   2. écologique   3. industrielle   4. de gaz   5. toxiques   6. pollué

Exercice 5
1. d   2. o   3. a   4. b   5. f   6. k   7. g   8. i   9. l   10. n   11. c   12. h
13. e   14. m   15. j

Exercice 6
1. le droit   2. la loi   3. le règlement   4. la réglementation   5. la pression
6. le pouvoir   7. léser   8. péricliter

Exercice 7
1. actionnaires, société   2. léser   3. puissants, lois   4. pressions, consumérisme
5. droits

Exercice 8
1. a   2. b   3. d   4. h   5. k   6. f   7. i   8. c   9. j   10. g   11. l   12. e

Exercice 9
1. hommes d'affaires   2. harcèlement sexuel
3. bouleversement, pratiques de recrutement   4. rémunération   5. Le chef

Exercice 10
1. un directeur   2. la rémunération   3. un bouleversement   4. le personnel
5. la politique   6. une catastrophe   7. industriel

Exercice 11
1. d   2. i   3. k   4. a   5. b   6. j   7. e   8. g   9. c   10. f   11. h   12. l

Exercice 12
1. b   2. a   3. c   4. b   5. c   6. c

Exercice 13
brûlent, relâchent, se débarrassent de, déversent, polluent

Chapitre 5: L'organisation de l'entreprise

Exercice 2
1. le salaire   2. le produit   3. la presse   4. les stocks   5. approprié   6. diviser
7. garantir   8. la condition   9. la demande   10. la sorte   11. classer
12. le président   13. un produit existant   14. établir

Exercice 3
1. d   2. a   3. h   4. f   5. c   6. g   7. b   8. e

Exercice 4
1. b   2. b   3. c   4. b   5. b   6. a   7. b   8. a

Exercice 5
1. vend   2. satisfait un besoin humain   3. la direction
4. Le président-directeur général

Exercice 6
1. a   2. d   3. c   4. e   5. b   6. f

Exercice 7
1. b   2. i   3. e   4. j   5. a   6. g   7. c   8. h   9. d   10. f

Exercice 8
1. La facturation   2. facture   3. Comptabilité   4. états, comptes   5. bilan

Exercice 9
1. le service de Paye   2. le service du Personnel   3. le service Publicité
4. le service des Relations Publiques   5. le service Après-Vente
6. le service Expédition   7. le service Achats   8. le service d'Etudes de Marché

Exercice 10
1. d   2. g   3. i   4. k   5. a   6. j   7. b   8. l   9. e   10. h   11. c   12. f

Exercice 11
1. les techniques de vente   2. une usine   3. le cycle de vie du produit
4. les études de marché   5. une augmentation   6. se charger de   7. réapprovisionner
8. diriger   9. le magasin   10. les conditions de travail

CHAPITRE 6: La gestion de l'entreprise

Exercice 2
1. la chaîne hiérarchique   2. la compétence   3. un symptôme   4. la solution
5. un inconvénient   6. la sorte   7. le résultat   8. un facteur

Exercice 3
1. c   2. a   3. h   4. f   5. b   6. g   7. d   8. e   9. i

Exercice 4
1. déléguer de l'autorité   2. déléguer de l'autorité à un subordonné
3. déterminer les symptômes   4. isoler le problème   5. analyser tous les facteurs
6. chercher une solution   7. prendre une décision   8. contrôler les résultats

Exercice 5
1. d   2. g   3. j   4. a   5. l   6. c   7. e   8. k   9. f   10. b   11. h   12. i

Exercice 6
1. l'autorité, le pouvoir   2. la planification, l'organisation, la direction, le contrôle
3. la gestion   4. gérée, gestionnaires

Exercice 7
1. le directeur   2. la direction   3. diriger

Exercice 8
1. b   2. d   3. e   4. c   5. f   6. a

Exercice 9
1. des solutions de rechange   2. conseille   3. La prise de décision
4. rendre des comptes   5. L'analyse

Exercice 10
1. d   2. h   3. a   4. j   5. f   6. b   7. g   8. c   9. e   10. i

Exercice 11
1. la planification   2. la structure par fonctions
3. la structure en fonction des différents types de clientèle
4. la structure par produits   5. la gestion du temps   6. l'esprit d'initiative
7. la facilité de communication   8. la compétence technique

CHAPITRE 7: Les syndicats aux Etats-Unis

Exercice 2
1. l   2. d   3. f   4. a   5. i   6. k   7. e   8. b   9. g   10. c   11. h   12. j
13. m

Exercice 3
1. d   2. g   3. a   4. c   5. e   6. h   7. b   8. f

Exercice 4
1. e   2. k (h)   3. h (k)   4. a   5. i   6. b   7. g   8. m   9. c   10. l   11. f
12. j   13. d

Exercice 5
1. au chômage   2. non-qualifié   3. Un ouvrier   4. patron   5. ouvriers
6. plein-emploi   7. L'employeur   8. du chômage   9. Les syndicats   l0. métiers
11. main-d'œuvre   12. salarié

Exercice 6
1. c   2. e   3. a   4. g   5. b   6. f   7. d

Exercice 7
1. e   2. d   3. k   4. c   5. a   6. g   7. h   8. l   9. i   10. f   11. j   12. b

Exercice 8
4, 2, 6, 1, 3, 5

Exercice 9
1. c   2. b   3. c   4. b   5. a

Exercice 10
1. b   2. f   3. h   4. a   5. c   6. g   7. j   8. d   9. e   10. i   11. k

Exercice 11
1. True   2. True   3. False   4. False   5. True

Exercice 12
1. les moyens de pression   2. échouer   3. négocier   4. l'issue   5. la rémunération
6. l'emploi sûr

Exercice 13
1. d   2. f   3. b   4. h   5. a   6. j   7. c   8. g   9. e   10. i

Exercice 14
1. a   2. c   3. e   4. g   5. h   6. b   7. d   8. f

CHAPITRE 8: La production de biens et services

Exercice 2
1. g   2. j   3. h   4. b   5. l   6. a   7. k   8. e   9. f   10. d   11. i   12. c

Exercice 3
1. planifier   2. contrôler   3. distribuer   4. inspecter   5. mécaniser   6. produire
7. réduire   8. organiser

Exercice 4
1. la norme   2. une erreur   3. les marchandises   4. le travailleur   5. le rôle
6. le projet   7. la qualité   8. l'équipement disponible   9. la tâche   10. les frais
11. les pièces

Exercice 5
1. c   2. a   3. b   4. e   5. g   6. d   7. k   8. i   9. j   10. m   11. f   12. l
13. h

Exercice 6
1. c   2. b   3. c   4. c   5. b   6. b   7. c   8. a   9. b   10. c

Exercice 7
1. i   2. f   3. j   4. k   5. n   6. b   7. d   8. l   9. m   10. g   11. e   12. a
13. c   14. h   15. o

Exercice 8
1. le contrôle des fournitures   2. le contrôle des inventaires   3. le sondage d'opinion
4. le contrôle de la qualité   5. l'assurance   6. l'efficacité   7. la fabrication
8. tester au hasard   9. le procédé   10. les frais d'installation

Exercice 9
1. g   2. e   3. i   4. a   5. b   6. f   7. k   8. d   9. h   10. l   11. j   12. c

Exercice 10
1. le routage   2. la programmation   3. la planification   4. l'expédition
5. l'ergonomie

CHAPITRE 9: La comptabilité et le financement

Exercice 2
1. e   2. i   3. k   4. a   5. h   6. b   7. c   8. j   9. d   10. l   11. f   12. g

Exercice 3
1. c   2. e   3. a   4. b   5. d

Exercice 4
1. d   2. f   3. h   4. b   5. e   6. j   7. i   8. k   9. g   10. a   11. c

Exercice 5

1. La comptabilité   2. privé   3. comptable public   4. expert-comptable
5. de gestion   6. Le bilan   7. Le compte d'exploitation   8. états
9. un rapport annuel

Exercice 6

1. b 2. d 3. g 4. a 5. f 6. h 7. l 8. j 9. i 10. e 11. k 12. c

Exercice 7

1. inscrire   2. le grand-livre   3. le livre journal   4. les pertes   5. les gains
6. le passif exigible   7. les effets à recevoir   8. transcrire   9. le budget
10. l'exercice comptable

Exercice 9

1. le passif   2. l'actif   3. le fonds de roulement   4. l'actif réalisable
5. les immobilisations   6. la rentabilité   7. l'actif   8. les biens corporels
9. les biens incorporels   10. le compte de flux monétaire   11. le passif
12. les frais payés à l'avance   13. les frais à payer   14. les valeurs mobilières
15. un billet à ordre

Exercice 10

1. d 2. f 3. a 4. g 5. b 6. e 7. i 8. c 9. j 10. h

Exercice 11

1. e 2. f 3. h 4. c 5. a 6. b 7. g 8. d

Chapitre 10: Les banques et la Bourse

Exercice 2

1. d 2. e 3. g 4. k 5. n 6. a 7. h 8. o 9. f 10. b 11. j 12. q
13. p 14. i 15. r 16. m 17. s 18. l 19. c

Exercice 3

1. a 2. c 3. a 4. c 5. c 6. b 7. c 8. a 9. b 10. a 11. c 12. c

Exercice 4

1. le relevé de compte   2. le tireur   3. le bénéficiaire   4. le titulaire du compte
5. le bordereau de versement

Exercice 5

1. b 2. d 3. a 4. f 5. c 6. e 7. g 8. i 9. h

Exercice 6

1. un bordereau de versement   2. un compte d'épargne   3. signer   4. endosser
5. relevé de compte   6. à intérêts   7. prêt

Exercice 7

1. a 2. e 3. h 4. c 5. j 6. b 7. g 8. d 9. i 10. f 11. l 12. k
13. n 14. m

Exercice 8

1. la Bourse des Marchandises   2. le courtier   3. Bourse   4. l'agent de change
5. valeur   6. Les valeurs mobilières

Chapitre 11: **Le risque**

Exercice 2
1. e   2. d   3. c   4. f   5. b   6. a

Exercice 3
1. d   2. j   3. e   4. a   5. f   6. i   7. g   8. c   9. h   10. b

Exercice 4
1. True   2. False   3. True   4. True   5. False   6. True   7. False   8. False

Exercice 5
1. f   2. a   3. b   4. i   5. d   6. h   7. c   8. l   9. n   10. e   11. m   12. o
13. g   14. j   15. k

Exercice 6
1. b   2. c   3. b   4. b   5. a   6. b   7. c   8. b

Exercice 7
1. les frais   2. les données   3. une baisse   4. une réussite   5. un échec
6. s'endetter   7. les recettes

Exercice 8
1. c   2. f   3. j   4. a   5. h   6. d   7. e   8. i   9. g   10. b

Exercice 9
1. c   2. a   3. j   4. f   5. b   6. h   7. g   8. d   9. e   10. i

Exercice 10
1. risque   2. imprévisible   3. de propriété   4. risque d'exploitation (risque financier)
5. surveiller   6. trafiqué   7. incendie

Exercice 11
1. l'emballage   2. le vol   3. un défaut de fabrication   4. le décès   5. blesser
6. le personnel clé   7. payer une amende   8. veiller

Exercice 12
1. c   2. f   3. a   4. d   5. i   6. g   7. e   8. h   9. b

Exercice 13
1. assurer   2. assureur   3. assurés   4. police   5. L'assurance contre l'incendie
6. compagnie d'assurance

Chapitre 12: **Les assurances**

Exercice 2
1. e   2. b   3. f   4. i   5. d   6. a   7. j   8. c   9. g   10. h

Exercice 3
1. le paiement   2. indemniser   3. calculer   4. privé   5. le bénéficiaire   6. garantir

Exercice 4
1. d   2. h   3. l   4. n   5. a   6. e   7. r   8. j   9. p   10. f   11. c   12. b (k)
13. k (b)   14. q   15. i   16. o   17. g   18. m

Exercice 5

1. l'assuré   2. l'assureur, l'assuré   3. police   4. prime   5. actuaires
6. souscripteur   7. Le bénéficiaire   8. La franchise

Exercice 6

1. c   2. e   3. a   4. f   5. d   6. b

Exercice 7

1. b   2. f   3. i   4. a   5. l   6. k   7. m   8. c   9. g   10. n   11. d   12. e
13. j   14. h

Exercice 8

1. l'assurance de responsabilité civile   2. l'assurance contre le chômage
3. l'assurance contre les accidents du travail   4. l'assurance-vie
5. l'assurance médicale   6. l'assurance contre l'invalidité
7. l'assurance contre l'incendie   8. l'assurance contre le vol
9. l'assurance-vieillesse   10. l'assurance contre les accidents

Exercice 9

1. d   2. e   3. a   4. b   5. g   6. c   7. f

Exercice 10

1. s'entraider   2. maîtriser   3. viser   4. toucher   5. prendre feu   6. emmagasiner
7. lésé

Exercice 11

1. emmagasinent   2. touche   3. lésé   4. s'entraider   5. prend feu

CHAPITRE 13: Le marché international

Exercice 2

1. g   2. i   3. d   4. e   5. a   6. f   7. b   8. j   9. c   10. h

Exercice 3

1. d   2. a   3. g   4. f   5. h   6. b   7. e   8. c

Exercice 4

1. un déficit   2. Les exportations   3. Les importations   4. Un télécopieur
5. Le quota   6. protectionniste

Exercice 5

1. c   2. h   3. e   4. b   5. g   6. j   7. a   8. i   9. f   10. d

Exercice 6

1. c   2. b   3. e   4. a   5. g   6. f   7. d   8. h

Exercice 7

1. c   2. b   3. a   4. b   5. c   6. a

Exercice 8

1. la prévision   2. l'échange visible   3. l'échange invisible   4. le prêt
5. le taux de change   6. un don   7. la zone hors taxes

Exercice 9
1. d   2. a   3. f   4. h   5. b   6. c   7. i   8. g   9. j   10. e

Exercice 10
1. b   2. c   3. c   4. c   5. b   6. a

Exercice 11
1. tenter de   2. minimiser   3. embaucher   4. réduire   5. provenir de
6. s'appuyer sur   7. relever   8. maximiser

Exercice 12
1. d   2. f   3. a   4. b   5. e   6. h   7. c   8. g   9. i

Exercice 13
1. c   2. a   3. e   4. b   5. d   6. f

Exercice 14
1. disponibles   2. ressortissants   3. en voie de développement, industrialisés
4. ailleurs   5. stades

LE MARKETING

CHAPITRE 14: Qu'est-ce que le marketing?

Exercice 2
1. c   2. h   3. i   4. e   5. g   6. j   7. b   8. f   9. a   10. d

Exercice 3
1. d   2. h   3. a   4. f   5. b   6. e   7. i   8. g   9. c   10. j

Exercice 4
1. a   2. c   3. b   4. a   5. c   6. b   7. b

Exercice 5
2, 4, 6, 3, 5, 1

Exercice 6
1. a   2. c   3. e   4. l   5. f   6. i   7. d   8. m   9. g   10. k   11. p   12. o
13. b   14. h   15. n   16. j

Exercice 7
1. le bénéfice   2. le coût   3. le consommateur   4. le marché   5. rentable
6. la recherche   7. la fabrication   8. la promotion des ventes   9. les points de vente
10. l'entrepôt   11. la publicité

Exercice 8
1. c   2. a   3. d   4. b   5. e

CHAPITRE 15: Les variables du marketing

Exercice 2
1. l   2. e   3. k   4. i   5. b   6. g   7. j   8. m   9. d   10. h   11. a   12. n
13. f   14. c

Exercice 3

1. le revenu   2. la récession   3. l'inflation   4. l'expansion   5. intermédiaire
6. la stratégie   7. le budget   8. la garantie   9. le modèle   10. la source

Exercice 4

1. b   2. c   3. b   4. c   5. b   6. a

Exercice 5

1. h   2. m   3. e   4. b   5. k   6. c   7. p   8. g   9. n   10. a   11. l   12. o
13. d   14. i   15. j   16. f

Exercice 6

1. mode d'emploi   2. les voies de communication   3. le prix   4. marques
5. comportement

Exercice 7

1. le prix   2. la rédaction (le mode d'emploi)   3. la manutention   4. le mode d'emploi
5. l'emballage   6. les canaux de distribution   7. le bénéfice   8. la concurrence

Exercice 8

1. p   2. f   3. h   4. m   5. c   6. q   7. k   8. n   9. i   10. r   11. o   12. a
13. e   14. l   15. d   16. j   17. b   18. g

Exercice 9

1. le grossiste   2. le détaillant   3. le taux de chômage   4. la réparation
5. la valeur boursière   6. le niveau d'éducation   7. le lancement   8. la fusion

CHAPITRE 16: Le marché

Exercice 2

1. d   2. g   3. k   4. a   5. i   6. b   7. j   8. f   9. e   10. c   11. h

Exercice 3

1. son origine ethnique   2. la religion   3. le sexe   4. l'âge   5. la classe sociale

Exercice 4

1. segmenter   2. spécifiques   3. compliqué   4. la firme   5. l'autorité   6. analyser
7. planifier   8. stock

Exercice 5

1. c   2. h   3. j   4. a   5. e   6. l   7. b   8. m   9. d   10. f   11. n   12. g
13. k   14. o   15. i

Exercice 6

1. c   2. f   3. g   4. b   5. e   6. d   7. a

Exercice 7

1. b   2. c   3. a   4. b   5. c   6. a   7. b   8. c   9. b

CHAPITRE 17: La recherche

Exercice 2

1. d   2. h   3. b   4. g   5. f   6. a   7. e   8. c

Exercice 3
1. d   2. f   3. j   4. h   5. g   6. c   7. i   8. a   9. e   10. b

Exercice 4
1. identifier   2. définir   3. se procurer   4. analyser

Exercice 5
1. a   2. c   3. b   4. a   5. a, c   6. b

Exercice 6
1. b   2. i   3. f   4. c   5. k   6. a   7. g   8. h   9. e   10. d   11. l   12. j

Exercice 7
1. en hausse   2. l'avenir   3. le service   4. société   5. analyser   6. goûts

Exercice 8
1. h   2. e   3. a   4. c   5. j   6. f   7. b   8. i   9. d   10. g   11. k

Exercice 9
1. une enquête   2. un échantillon   3. le chiffre d'affaires   4. enquêteur
5. le taux de retour   6. un consommateur susceptible de l'acheter
7. un échantillon plus grand   8. d'un sondage d'opinion

Exercice 10
1. f   2. d   3. j   4. a   5. m   6. h   7. o   8. k   9. e   10. i   11. c   12. g
13. n   14. l   15. b

Exercice 11
1. passé   2. livrer   3. ordinateur   4. la rentabilité   5. manque
6. caméras cachées   7. vendeur

Exercice 12
1. le tourniquet   2. la caméra cachée   3. l'ordinateur
4. le service de la comptabilité   5. le personnel de vente   6. le lecteur optique

CHAPITRE 18: Le consommateur

Exercice 2
1. e   2. g   3. b   4. h   5. a   6. d   7. c   8. f

Exercice 3
1. subliminal   2. le paiement   3. sélectif   4. le stimulus   5. l'initiative

Exercice 4
1. recommander   2. subconscient   3. sens   4. attitude   5. culturelle   6. sociale

Exercice 5
1. f   2. d   3. j   4. h   5. a   6. l   7. b   8. n   9. c   10. e   11. k   12. i
13. m   14. g

Exercice 6
1. la pression   2. viser   3. visé   4. en conséquence   5. au préalable

Exercice 7
1. c   2. c   3. b   4. b   5. a   6. b   7. c   8. b   9. c   10. b

Chapitre 19: Le produit

Exercice 2
1. d   2. c   3. e   4. b   5. a

Exercice 3
1. le choc   2. le distributeur   3. la présentation   4. la couleur   5. la ligne
6. résistant   7. le symbole   8. la qualité   9. la garantie

Exercice 4
1. f   2. i   3. d   4. m   5. a   6. g   7. k   8. n   9. e   10. p   11. c   12. h
13. b   14. l   15. j   16. q   17. r   18. o

Exercice 5
1. f   2. h   3. b   4. g   5. a   6. c   7. e   8. d

Exercice 6
1. la marque   2. le modèle   3. le conditionnement   4. l'image de marque
5. la garantie   6. le poids   7. la taille   8. les acheteurs éventuels

Exercice 7
1. b   2. a   3. c   4. a   5. c

Chapitre 20: La distribution

Exercice 2
1. d   2. j   3. o   4. b   5. m   6. k   7. a   8. h   9. e   10. p   11. c   12. l
13. f   14. i   15. g   16. n

Exercice 3
1. c   2. n   3. g   4. k   5. f   6. j   7. d   8. a   9. i   10. b   11. e   12. h
13. m   14. l

Exercice 4
1. c   2. d   3. b   4. e   5. a

Exercice 5
1. c   2. a   3. b   4. b   5. c   6. a   7. a

Exercice 6
1. d   2. f   3. h   4. a   5. j   6. b   7. i   8. l   9. e   10. k   11. g   12. c

Exercice 7
1. un distributeur automatique   2. un atout   3. un centre commercial
4. le démarchage   5. la concurrence   6. un réseau

Exercice 8
1. la vente par correspondance   2. le démarchage   3. la vente par catalogue
4. le distributeur automatique

Exercice 9
1. e   2. i   3. a   4. k   5. g   6. f   7. c   8. h   9. b   10. j   11. d

Exercice 10
1. moyen de transport   2. livraisons   3. Le camion   4. fret   5. chargements
6. grossiste, détaillant

CHAPITRE 21: Le prix

Exercice 2
1. une fortune   2. cas   3. facteur

Exercice 3
1. la maturité   2. le déclin   3. une phase   4. le total   5. la variable   6. complexe
7. additionner   8. décisif

Exercice 4
1. h   2. d   3. m   4. a   5. k   6. c   7. o   8. b   9. l   10. e   11. n   12. f
13. i   14. j   15. g   16. p

Exercice 5
1. la marge de profit   2. le prix du marché   3. fixer   4. l'offre   5. la demande
6. l'offre, la demande   7. augmenter   8. baisser

Exercice 6
1. les prix non-arrondis   2. la pratique du prix du marché   3. les coûts
4. les prix de promotion   5. l'alignement des prix   6. le prix de pénétration
7. le prix d'écrémage   8. la discrimination des prix

Exercice 7
1. f   2. a   3. j   4. k   5. g   6. b   7. l   8. o   9. c   10. h   11. n   12. e
13. i   14. r   15. d   16. q   17. p   18. m

Exercice 8
1. portefeuille   2. courbe, courbe   3. maturité   4. supprimer
5. magasins de rabais   6. souligner   7. lance   8. additionner   9. rapport
10. ajouter   11. invendu

CHAPITRE 22: La promotion

Exercice 2
1. les média   2. la presse   3. le changement   4. inciter (stimuler)   5. concevoir
6. recommander   7. attribuer   8. risquer   9. spécifier   10. familiariser
11. identifier   12. contacter   13. garantir   14. effectuer

Exercice 3
1. l'entière satisfaction   2. la campagne   3. de masse   4. pratique   5. potentiel

Exercice 4
1. f   2. m   3. h   4. k   5. i   6. b   7. j   8. c   9. n   10. g   11. d   12. a
13. e   14. l

Exercice 5
1. b   2. c   3. c   4. a   5. a   6. b   7. c   8. a

Exercice 6
1. h   2. l   3. m   4. q   5. a   6. e   7. j   8. o   9. c   10. i   11. p   12. b
13. f   14. d   15. n   16. g   17. k

Exercice 7
1. l'émetteur, le récepteur   2. principe   3. marques, marques   4. offre spéciale
5. échantillons   6. champ d'expérience   7. dépenses   8. bon de réduction

Exercice 8
1. e   2. k   3. a   4. f   5. g   6. m   7. j   8. c   9. b   10. d   11. l   12. h
13. i

Exercice 9
1. rattraper le marché   2. rédiger   3. l'après-vente   4. toucher   5. pousser
6. surestimer   7. stades   8. convaincre   9. consacrées

Exercice 10
1. b   2. b   3. c   4. a   5. c

Exercice 11
1. c   2. f   3. g   4. i   5. a   6. d   7. h   8. e   9. b

CHAPITRE 23: Le marketing international

Exercice 2
1. l'environnement   2. l'exportation   3. l'importation   4. la modification
5. international   6. la société   7. industrialisé   8. la religion   9. nécessiter
10. faciliter

Exercice 3
1. d   2. g   3. i   4. b   5. a   6. c   7. h   8. e   9. f

Exercice 4
1. clavier   2. touches   3. coutume   4. primordial   5. son   6. exigences

Exercice 5
1. e   2. a   3. i   4. f   5. b   6. d   7. h   8. g   9. c

Exercice 6
1. taux de change   2. déficitaire   3. devises   4. la balance des paiements
5. excédentaire

FRENCH-ENGLISH VOCABULARY

A

à court terme   short-term
à l'encontre   against, counter
à l'étranger   abroad
à l'ordre de   to the order of
à la baisse   on the downside
à la hausse   on the upside
à leur compte   on their behalf
à leur place   on their own
à long terme   long-term
abri *m*   housing, shelter
abus *m*   abuse
acceptable   acceptable
accepter   to accept
accident corporel *m*   bodily injury
accident du travail *m*   work-related accident
accomplir   to accomplish
accord *m*   agreement, accord
accumuler   to accumulate
achat *m*   purchase
acheteur *m*   buyer
acheteur éventuel *m*   prospective buyer
acquisition *f*   acquisition
acquitter   to discharge (a debt)
actif *m*   assets
actif réalisable *m*   current asset
actif corporel *m*   tangible asset
actif incorporel *m*   intangible asset
action *f*   stock
Action Affirmative *f*   Affirmative Action
action ordinaire *f*   common stock
action privilégiée *f*   preferred stock
actionnaire *m* or *f*   shareholder
activité *f*   activity
actuaire *m* or *f*   actuary
acquérir   to acquire
additionner   to add up

adéquat   adequate
aérien   air
affaire *f*   business
affaire individuelle *f*   private business
affecter   to affect
âge *m*   age
agent *m*   agent
agent de change *m*   stockbroker, exchange broker
agir   to act, do, behave
agrandir   to increase
ailleurs   elsewhere
air *m*   air
air pollué *m*   polluted air
ajouter   to add
alignement des prix *m*   price lining
allées et venues *f pl*   coming and going
améliorer   to improve
amortissement *m*   amortization, depreciation
analyse *f*   analysis
analyser   to analyze
anticipation *f*   anticipation
anticipé   anticipated
anticiper   to anticipate
appartenir   to belong
approprié   appropriated
approximatif   approximate
s'appuyer sur   to rely on, be based on
après-vente *m*   sales follow-up
arbitrage *m*   arbitration
argent *m*   money
argent liquide *m*   cash
arrêt de travail *m*   work stoppage
art graphique *m*   graphic art
assembler   to assemble
associé *m*   partner
assurable   insurable

assurance *f*   insurance
assurance automobile tous risques *f*   full-coverage auto insurance
assurance contre le vol *f*   theft insurance
assurance contre les accidents *f*   accident insurance
assurance contre l'incendie *f*   fire insurance
assurance de responsabilité civile *f*   liability insurance
assurance-vie *f*   life insurance
assuré *m*   insured
assurer   to insure, assure
assureur *m*   insurer
atout *m*   real asset
attitude *f*   attitude
attribuer   to attribute
au chômage   out of work, unemployed
au fur et à mesure   simultaneously and proportionately
au préalable   previously
augmentation *f*   increase
augmentation (de salaire) *f*   pay raise, salary increase
augmenter   to increase, go up; to mark up
automatisation *f*   automation
autonome   autonomous
autoritaire   authoritarian
autorité *f*   authority
autorité de commande *f*   line organization
autorité de conseil *f*   staff organization
avantage *m*   advantage
avenir *m*   future
avoir en tête   to have in mind

B

baisse *f*   drop, decrease, lowering; low
baisser   to mark down; to lower
balance *f*   balance
balance commerciale *f*   trade balance, balance of trade
balance des paiements *f*   balance of payments
banlieue *f*   suburb
banque *f*   bank
banque centrale *f*   central bank
banque d'affaires *f*   commercial bank
bas   low

bénéfice *m*   profit
bénéficiaire *m*   payee; beneficiary
biens *m pl*   goods
biens corporels *m pl*   tangible goods
biens incorporels *m pl*   intangible goods
bilan *m*   balance sheet
billet à ordre *m*   promissory note
billet de banque *m*   banknote, bill
blesser   to injure, wound
blessure *f*   wound
bon *m*   bond, coupon
bon de réduction *m*   discount coupon
bordereau de versement *m*   deposit slip
bouleversement *m*   upheaval
Bourse *f*   Exchange, Stock Market
Bourse de Marchandises *f*   Commodities Exchange
Bourse des Valeurs *f*   Stock Exchange
boycottage *m*   boycott
brise-grève *m or f*   strike breaker
brûler   to burn
budget *m*   budget
budget publicitaire *m*   advertising budget
bureau *m*   office
but *m*   goal, objective

C

cadre *m*   manager, executive
cadre dirigeant *m*   director
cadre moyen *m*   middle manager
cadre social *m*   social ladder (scale)
caisse d'épargne *f*   savings bank
calculer   to calculate
calendrier publicitaire *m*   advertising schedule
caméra cachée *f*   hidden camera
camion *m*   truck
campagne *f*   campaign
campagne de publicité *f*   advertising campaign
canal *m*   channel
canaux de distribution *m pl*   distribution channels
capacité *f*   capacity
capital propre *m*   stockholders' equity, owners' equity
capitalisme *m*   capitalism
capitaux fixes *m pl*   fixed assets
caractéristique *f*   characteristic

carnet de chèques *m*   checkbook
cas *m*   case
cash flow *m*   cash flow
catastrophe *f*   catastrophe
catégorie *f*   category
causer   to cause
centralisé   centralized
centre commercial *m*   mall
chaîne *f*   chain
chaîne administrative *f*   administrative chain
chaîne de fabrication (montage) *f*   assembly line
chaîne hiérarchique *f*   hierarchical chain
champ d'expérience *m*   realm of experience
change *m*   exchange (money)
changement *m*   change; changing
changer   to change
changement *m*   load, shipment
se charger de   to take charge of
chef d'entreprise *m*   company head
chèque *m*   check
chèque au porteur *m*   check made out to "cash"
chèque certifié *m*   certified check
chèque en blanc *m*   blank check
chéquier *m*   checkbook
chercheur *m*   investigator
chiffre *m*   number, figure
chiffre d'affaires *m*   turnover
choc *m*   crash
choisir au préalable   to choose beforehand
chômage *m*   unemployment
chômeur *m*   unemployed person
chrysanthème *m*   chrysanthemum
clair   clear
classe sociale *f*   social class
classer   to classify
clause *f*   clause
clavier *m*   keyboard
client *m*   client
comité *m*   committee
commande *f*   order
commerçant(e) *m* or *f*   business person
commerce *m*   business, trade
commerce de demi-gros *m*   wholesale/retail business
commerce de détail *m*   retail business

commerce de gros *m*   wholesale business
commerce international *m*   international business
commission *f*   commission
communication *f*   communication
communication marketing *f*   marketing promotion
communiqué de presse *m*   press release
communiquer   to communicate
communisme *m*   communism
compagnie d'assurance *f*   insurance company
comparaison *f*   comparison
comparer   to compare
compétence *f*   competence
compétence technique *f*   technical know-how, technical skills
complexe   complex
complexité *f*   complexity
compliqué   complicated
compliquer   to complicate
comportement *m*   behavior
comptabilité *f*   accounting, bookkeeping
comptabilité à partie-double *f*   double-entry bookkeeping
comptabilité de gestion *f*   management accounting
comptabilité de finances *f*   financial accounting
comptable *m* or *f*   accountant
comptable privé *m*   private accountant
comptable public *m*   public accountant
compte *m*   account
compte à découvert *m*   overdrawn account
compte à intérêts *m*   interest-bearing account
compte-chèques *m*   checking account
compte courant *m*   checking account
compte d'épargne *f*   savings account
compte d'exploitation *m*   income statement
compte de flux monétaire *m*   cash flow
compte des opérations en capital *m*   capital account
compte des opérations courantes *m*   current account
concentrer   to concentrate
concept *m*   concept

conception f   conception
concevoir   to conceive
concilier   to reconcile
conclusion f   conclusion
concours m   contest
concurrence f   competition
concurrent m   competitor
concurrentiel   competitive
condition f   condition
conditionnement m   packaging
conditions de travail f pl   work(ing)
  conditions
conditions de travail convenables f pl
  favorable working conditions
conférence de presse f   press conference
conflit m   conflict
consacrer   to allocate, assign
conscient   conscious
conseil d'administration m   Board of
  Directors
conseiller   to advise
conserver   to conserve
consommateur m   consumer
consommateur susceptible de… m
  likely (prospective) customer
consumérisme m   consumerism
contact m   contact
contacter   to contact
contexte m   context
contremaître m   foreman, overseer
contribuer   to contribute
contrôlable   controllable
contrôle m   controlling; control
contrôle de la production m   production
  control
contrôle de la qualité m   quality control
contrôle des fournitures m   materials
  management
contrôle des inventaires m   inventory
  control
contrôle par statistiques m   statistical
  quality control
contrôlé   controlled
contrôler   to control
controverse f   controversy
convaincre   to convince
convenable   favorable
coopération f   cooperation
coordonner   to coordinate

cordon de piquets m   picket line
corporation f   corporation
corporation géante f   giant corporation
corruption f   corruption
cotisation f   contribution
couleur f   color
courbe f   curve
courir   to run, incur
courtier m   broker
coût m   cost
coûte que coûte   at any cost
coûts m pl   cost-plus pricing
coutume f   custom
couvrir les frais   to cover expenses
créancier m   creditor
création f   creation
crèche f   day-care center
créer   to create
crise f   crisis
critères f pl   criteria
croissance f   growth
croissance économique f   economic
  growth
culturel   cultural
cycle de vie du produit m   product life
  cycle

D

date d'échéance f   due date
davantage   more
de cause à effet   cause and effect
de luxe   luxurious
de masse   mass
se débarrasser   to get rid of, dispose of
débiteur m   debtor
décent   decent
décès m   death
déchets industriels m pl   industrial waste
déchets toxiques m pl   toxic wastes
décisif   decisive
décision f   decision
déclin m   decline
défaut de fabrication m   manufacturing
  defect
déficit m   deficit
déficitaire   showing a deficit, deficit value
définir   to define
définition f   definition
dégager   to release

dégager des fonds to release funds
degré *m* degree
délai *m* delay
déléguer to delegate
demande *f* demand
demander to demand
démarchage *m* door-to-door selling
démographie *f* demography
denrées *f pl* produce
département *m* department
dépendre to depend
dépenses *f pl* expenses
déplacement *m* shifting, movement
dépositaire d'enjeux *m* stakeholder,
  "player"
dépréciation *f* depreciation
déprécier to depreciate
déroulement des opérations *m*
  operations sequence
désavantage *m* disadvantage
dessin *m* design
destiné destined
destruction *f* destruction
détaillant *m* retailer
déterminé determined
déterminer to determine
dette *f* debt
détruire to destroy
dettes actives *f pl* accounts payable
développement *m* development
développer to develop
déverser to dump, spill
devises *f pl* currency; foreign currency
devoir to owe
dévorer to devour
différencier to differentiate
difficile difficult
dilemme *m* dilemma
diminuer to decrease, down, diminish; to
  lessen, reduce
diminution *f* diminution, lessening,
  lowering
diplôme *m* diploma
direct direct
directeur *m* director, manager
direction *f* management; managing
direction générale *f* management
direction par les objectifs *f* management
  by objectives

diriger to direct, to manage
discrimination *f* discrimination
discrimination des prix *f* discrimination
  pricing
disponible available
dissuader to dissuade
distance *f* distance
distinguer to distinguish
distribuer to distribute
distributeur *m* distributor
distributeur automatique *m* vending
  machine
distribution *f* distribution
divers various
dividende *m* dividend
diviser to divide
divisible divisible
division *f* division
domaine *m* domain
domicile *m* home
don *m* grant
données *f pl* data
droit *m* right
droit de douane *m* duty
droits du consommateur *m pl*
  consumers' rights
durée *f* duration
durée de la campagne *f* time frame of
  the campaign

E

échange *m* trade; exchange
échange invisible *m* invisible trade
échange visible *m* visible trade
échantillon *m* sample
échantillonnage *m* sampling
échec *m* failure
échelle *f* scale
échouer to fail
économie *f* economy
économique economic
écrire un chèque to write a check
effectuer to effect, carry out
s'effectuer to be carried out; to be
  brought about
effets à recevoir *m pl* accounts receivable
efficace efficient
efficacité *f* efficiency
égal equal

élaborer   to elaborate
élargir   to broaden, expand
électeur *m*   voter
élément *m*   element
élevé   high, elevated
éliminer   to eliminate
emballage *m*   packaging
s'embarrasser de   to burden oneself with
embaucher   to hire, take on
émetteur *m*   sender
émission *f*   issuance; broadcast
émission de gaz *f*   gas emission
emmagasiner   to store, warehouse
empêcher   to prohibit, stop
emploi *m*   employment; job
emploi sûr *m*   job security
employé *m*   employee
employeur *m*   employer
emprunt *m*   loan
en conséquence   accordingly
en pratique   in practice
en principe   in principle
en puissance   potential
en voie de développement   developing
encaisser   to cash
s'endetter   to get into debt
endommagé   damaged
endosser   to endorse
engager   to engage
engendrer   to engender
enquête *f*   survey
enquête à domicile *f*   door-to-door survey
enquêteur *m*   surveyor
entière satisfaction *f*   complete satisfaction
s'entraider   to help one another
entreposage *m*   warehousing, storage
entreposer   to store, stock, warehouse
entrepôt *m*   warehouse
entreprise *f*   enterprise, company, firm
entreprise commerciale *f*   business enterprise, business (sales, merchandising) concern
entreprise de fabrication *f*   manufacturing concern
entreprise de service *f*   service enterprise (company)
entreprise privée *f*   free enterprise
entrer en jeu   to come into play

entrevue *f*   interview
environnement *m*   environment
équivalence de l'autorité et de la responsabilité *m*   balance of authority and responsibility
ère industrielle *f*   industrial era
ergonomie *f*   ergonomics
erreur *f*   error
escompté   expected, desired, projected
esprit d'initiative *m*   initiative
esprit d'organization *m*   organizational ability
essor *m*   stride, leap forward, progress, surge
établir   to establish
établissement *m*   establishment
étape *f*   stage
état *m*   state; statement
état financier *m*   financial statement
éternel   eternal
ethnique   ethnic
étiquetage *m*   labeling
étiquette *f*   label
être assuré   to be insured
évaluation *f*   evaluation
évaluer   to evaluate
évident   evident
évoluer   to evolve
évolution *f*   evolution
excédent *m*   excess, surplus
excédentaire   of surplus value, excessive, surplus
exclure   to exclude
exclusivité *f*   exclusiveness
exercer   to exercise
exercice comptable *m*   accounting period
exigence *f*   demand, requirement
exiger   to demand
existant   existing
existence *f*   existence
exister   to exist
expansion *f*   expansion
expédition *f*   dispatch, sending, forwarding, shipment
expert-comptable *m*   CPA
exploitation *f*   exploitation, working
exportation *f*   exportation

exporter   to export
extérieur   exterior
externe   external

F

fabricant *m*   manufacturer
fabrication *f*   fabrication, manufacture
fabrication en grande série *f*   mass
   production
fabriquer   to make, manufacture
facilité *f*   facility, ease
facilité de communication *f*
   communication skills
faciliter   to facilitate
facilités de crédit *f pl*   credit plan
facteur *m*   factor
facteur risque *m*   risk factor
facturation *f*   billing
facture *f*   bill, invoice
familiariser   to familiarize
fascisme *m*   Fascism
fax *f*   fax
faillite *f*   bankruptcy, failure
faire marcher   to run (a machine)
famine *f*   famine
favorable   favorable
femme au foyer *f*   homemaker
fermeture *f*   closing
ferroviaire   railway
fidélité *f*   loyalty
filiale *f*   subsidiary
final   final
finance *f*   finance
financement *m*   financing
financer   to finance
financier   financial
firme *f*   firm
fiscal   fiscal
fixation des prix de vente *f*   price fixing,
   price setting
fixe   fixed
fixer un prix   to set a price
fléau *m*   plague, bane, scourge
flexible   flexible
fluvial   pertaining to river transport
flux *m*   flux, flow
fonction *f*   function
fonctionner   to function

fonds *m pl*   funds
fonds de roulement *m pl*   working
   capital
force de vente *f*   sales force
formation *f*   formation
formation professionnelle *f*   professional
   training
formule *f*   formula
formuler   to formulate
fortune *f*   fortune
fournir   to provide, furnish
fournisseur *m*   supplier, dealer
frais *m pl*   costs, expenses
frais à payer *m pl*   expenses to be paid
frais d'installation *m pl*   set-up costs
frais payés à l'avance *m pl*   prepaid
   expenses
franchise *f*   deductible amount
fret *m*   freight
fusion *f*   merger
futur *m*   future

G

gains et les pertes *m pl*   profit and loss
gamme *f*   gamut, complete product line
garantie *f*   guarantee
garantir   to guarantee
garder   to keep
générique   generic
genre *m*   type; kind
genre de vie *m*   life-style
gérer   to manage
gestion *f*   management
gestion de la production *f*   production
   management
gestion de la production et des opérations
   f   production and operations
   management
gestion du temps *f*   managing time
gestionnaire *m or f*   manager
goût *m*   taste, liking
gouvernement *m*   government
gouvernement fédéral *m*   federal
   government
gouvernemental   governmental
grand-livre *m*   general ledger
graphique   graphic
gratuit   free

grève *f* strike
grève perlée *m* sit-down strike
gréviste *m* striker
grossiste *m* wholesaler
groupe *m* group
groupe de base *m* base group
grouper to group

H

habillement *m* clothing, dress
handicapé *m* handicapped person
harcèlement sexuel *m* sexual harassment
hausse *f* rise, upswing; high
hésiter to hesitate
homme d'affaires *m* business person
honorer to honor
humeur *f* humor

I

idéal ideal
idée *f* idea
identification *f* identification
identifier to identify
idéologie *f* ideology
illégal illegal
illimité unlimited
image *f* image
image de marque *f* brand image
immense immense
immobilisations *f pl* fixed assets
impliquer to imply
importance *f* importance
importation *f* importation
importer to import
impôts *m pl* taxes
incendie *m* fire
inciter to incite
incontrôlable uncontrollable
inconvénient *m* inconvenience
indemniser to indemnify
indépendant independent
indiquer to indicate
individu *m* individual
industrialisé industrialized
industrie *f* industry
industrie de l'acier *f* steel industry
industrie légère *f* light industry
industrie lourde *f* heavy industry
industriel industrial

industriel *m* industrialist
inférieur inferior
inflation *f* inflation
influencer to influence
informatique *f* data processing, computer science
ingénieur *m* engineer
initiative *f* initiative
injonction *f* injunction
inondation *f* flood
inscription *f* registry, entry, posting
inscrire to register, post, enter
inspection *f* inspection
s'installer de nouveau to set up again
insuffisant insufficient
intérêt *m* interest
intérieur interior
intermédiaire *m* or *f* intermediary, middle person
international international
interne internal
interpréter to interpret
interroger to interrogate
intervenir to intervene; to come into play
intervention *f* intervention
interviewer to interview
introduction *f* introduction
invalidité *f* disability
invendu unsold
inventaire *m* inventory
invention *f* invention
investir to invest
investissement *m* investment
invisible invisible
isoler to isolate
issue *f* outcome

J

joint joint
jugement *m* judgment
juger to judge

L

lancement *m* launching
lancer to launch
lancer un produit to launch a product
lecteur optique *m* scanner
légal legal
lésé injured, wronged
léser to injure, wrong

liberté du marché *f*   free market
libre-échange *m*   free trade
lié   linked
ligne *f*   line
limite *f*   limit
limité   limited
limiter   to limit
liquidation *f*   liquidation, fluidity
liquider   to liquidate, convert to cash
liste *f*   list
littérature promotionnelle *f*   promotional literature
livraison *f*   delivery
livre journal *m*   journal, daily ledger
livrer   to deliver
livret *m*   passbook
lock-out *m*   lockout
loi *f*   law

M

machine *f*   machine
machine à écrire *f*   typewriter
magasin *m*   store
magasin de rabais *m*   discount store, bargain outlet
magazine *m*   magazine
magnat *m*   magnate
main-d'œuvre *f*   manpower, work force
maîtriser   to get under control
majeur   major
majorité *f*   majority
maladie *f*   illness
maniable   manageable
manipuler   to manipulate
manque *m*   lack
manutention *f*   handling
marchand *m*   dealer, shopkeeper
marchandise *f*   merchandise
marchandise défectueuse *f*   defective merchandise
marché *m*   market
marché de devises *m*   foreign exchange market
marché de la consommation *m*   consumer market
marché libre *m*   free market
marge de profit *f*   profit margin
maritime   maritime, shipping
marketing *m*   marketing

marketing mix *m*   marketing mix
marque *f*   brand, make
marque déposée *f*   trademark
matériau *m*   material
matériaux *m pl*   materials
matières premières *f pl*   raw materials
maturité *f*   maturity
maximiser   to maximize
maximum *m*   maximum
mécanisation *f*   mechanization
mécanisme *m*   mechanism
média *m*   media
ménager   household, domestic
mesure de valeur *f*   value yardstick
mesurer   to measure
métier *m*   trade
minimiser   to minimize
minorité *f*   minority
mise en application *f*   implementing
mise en marché *f*   marketing, launch
mixte   mixed
mode d'emploi *m*   directions (how to use)
modèle *m*   model
modification *f*   modification
modifier   to modify
monde des affaires *m*   business world
monétaire   monetary
monnaie *f*   currency, money
monnaie de papier *f*   paper money
monopole *m*   monopoly
montant *m*   sum (of money), total
montant des primes *m*   premium amount
moral   moral
mort *f*   death
motivation *f*   motivation
mouvement *m*   movement
mouvement écologiste *m*   environmentalist movement
moyen *m*   means
moyen d'échange *m*   means of exchange
moyens de pression *m pl*   bargaining points
moyens de production *m pl*   means of production
moyens de transport *m pl*   means of transportation
multinational   multinational
multiplier   to multiply
mutuelle *f*   mutual company

N

national   national
nature *f*   nature
naturel   natural
nécessiter   to necessitate
négligence *f*   negligence
négociation *f*   negotiation
négocier   to negotiate
niveau *m*   level
niveau d'éducation *m*   education level
niveau de revenu *m*   income level
nombre *m*   number
norme *f*   norm
noter   to note

O

objectif *m*   objective
obligation *f*   obligation; bond
obligé   obligated
observation *f*   observation
observer   to observe
obtenir   to obtain
offre *f*   supply
offre spéciale *f*   special offer
opération financière *f*   financial operation
opérations de fabrication *f*
    manufacturing or production operations
opinion *f*   opinion
orchestré   orchestrated
ordinateur *m*   computer
organisation *f*   organization; organizing
organiser   to organize
origine ethnique *f*   ethnic origin
ouragan *m*   hurricane
ouvrier *m*   laborer
ouvrier non-qualifié *m*   unskilled laborer
ouvrir un compte   to open an account

P

paiement *m*   payment
pair *m*   peer
par rapport à   compared to
partager   to share
parti *m*   party, group, individual
participant *m*   participant
partie du marché *f*   market segment
passage *m*   passage
passer   to place (an order)
passer à... de   to go from . . . to

passif *m*   liabilities
passif exigible *m*   accounts payable
patron *m*   boss
patronat *m*   employers
payer   to pay
payer une amende   to pay a fine
pays en voie de développement *m*
    developing country
pays industrialisé *m*   industrialized
    country
pension *f*   pension
perception *f*   perception
performance *f*   performance
péricliter   to get shaky, "go under"
période *f*   period
périodiquement   periodically
périssable   perishable
permanent   permanent
permettre   to permit
personnalisé   personalized
personnalité *f*   personality
personnel   personal
personnel *m*   personnel
personnel des ventes *m*   sales personnel
perte *f*   loss
perte de personnel clé *f*   loss of key
    personnel
perte de propriété *f*   property loss
perte de revenu *f*   loss of income
peuple *m*   people
phase *f*   phase
pièce *f*   coin
pièce de rechange *f*   spare part
piquet *m*   picket
plan d'ensemble de marketing *m*   overall
    marketing plan
planification *f*   production planning;
    planning
planifier   to plan
plein-emploi *m*   full employment
plier bagages   to pick up shop, pull up
    stakes
plus-values en capital *f pl*   capital gains
poids *m*   weight
points de pression *m pl*   bargaining points
points de vente *m pl*   points of sale
police *f*   policy
police d'assurance *f*   insurance policy
politique *f*   policy

pollué polluted
pollution *f* pollution
population *f* population
portefeuille *m* wallet
possibilité *f* possibility
poste de travail *m* work station
potentiel potential
pourcentage *m* percent, percentage
pousser le client to push the prospective client
pouvoir *m* power
pratique practical
pratiques de recrutement *f pl* hiring practices
préavis *m* notice, warning
précédent *m* precedent
précis precise
prélever to collect, levy, charge
prélever contre to draw against
préliminaire preliminary
prendre feu to catch fire
préparer to prepare
présentation *f* presentation
président *m* president
président-directeur général *m* chief executive officer
presse *f* press; pressure
pression *f* pressure
pression des pairs *f* peer pressure
prestige *m* prestige
prêt *m* loan
previously de préavis
prévision *f* forecast, projection
prime *f* premium
primordial very important
principal principal
principe *m* principle
prise de décision *f* decision making
privé private
prix *m* price
prix d'écrémage *m* (price) skimming
prix de fabrication *m* manufacturing cost
prix de pénétration *m* penetration pricing
prix de promotion *m* promotion pricing
prix du marché *m* what the market will bear
prix non-arrondis *m pl* odd pricing

prix psychologique *m* psychological pricing, odd pricing
probabilité *f* probability
problème *m* problem
procédé *m* process, procedure
processus *m* process; progress
procurer to procure, get
production *f* production
productivité *f* productivity
produire to produce
produit *m* product
produit agricole *m* agricultural product
produit existant *m* existing product
produit national brut *m* gross national product
professionnel professional
profit *m* profit
profiter to profit
programmation *f* scheduling
programme *m* program
programme d'informatique *m* computer program
progresser to progress
promotion *f* promotion
promotion des ventes *f* sales promotion
prompt prompt
proportion *f* proportion
propriétaire *m* owner
propriété *f* property
propriété individuelle *f* private ownership
propriété privée *f* private property
protection *f* protection
protection de l'emploi *f* guaranteed employment
protection de l'environnement *f* environmental protection
protection financière *f* financial protection
protectionniste protectionist
protéger to protect
provenir to come from
psychologie *f* psychology
public public
public *m* public
publication *f* publication
publicitaire *m or f* publicist, advertiser
publicité *f* publicity, advertising
publicité gratuite *f* free advertising

puissant powerful
pur pure

Q

qualité *f* quality
quantité *f* quantity
quota *m* quota
quote-part *f* share

R

radio *f* la radio
raisonnable reasonable
raisonnement *m* reasoning
raisonner to reason
ralentir to curb, to curtail
ralentissement de travail *m* work
   slowdown
rapport *m* ratio
rapport annuel *m* annual report
rapporter to return
se rapprocher de to approach,
   approximate
ratio de liquidité *m* liquidity ratio
ratio de rentabilité *m* profitability ratio
ratio du jour *m* daily ratio
rattraper le marché to regain market
   share
rayon de magasin *m* store department
réagir to react
réagir en conséquence to react
   accordingly
réaliser un profit to make a profit
réapprovisionner to replenish
récepteur *m* receiver
récession *f* recession
recette *f* receipt, recipe
recherche *f* research
réciproquement reciprocally
recommander to recommend
reconnaissance *f* recognition
recours *m* recourse
recruter to recruit, hire
rectifier to rectify
recueillir to collect, gather
rédaction *f* wording
rédiger to edit, write
réduction *f* reduction
réduire to reduce, lower
régir to govern, rule

règlement *m* regulation
réglementation *f* regulating, control
réglementé regulated
réglementer to regulate
relâcher to set loose
relation *f* relation
relations publiques *f pl* public relations
relevé de compte *m* account statement
relever to state, record, draw up
religieux religious
religion *f* religion
remboursé your money back, reimbursed
remplacement *m* replacement
remplacer to replace
rémunération *f* pay
rendement *m* return
rendre des comptes à to be accountable to
rendre un service to render a service
renseignements *m pl* information
rentabilité *f* profitability
rentable profitable
rentes *f pl* profit, income
réparation *f* repair
répartir to allot
répercussion *f* repercussion
répétition *f* repetition
représentant *m* sales rep
représentatif representative
représenter to represent
reprise *f* return (merchandise)
réseau *m* network
réseau de distribution *m* distribution
   system
résistant resistant, strong
résoudre to resolve
respecter to respect
responsabilité *f* responsibility
responsable responsible
ressortissant *m* national (of a country)
ressources *f pl* resources
résultat *m* result
résulter to result
résumer to review
retenir to keep
retenir l'attention to grab (get) the
   attention
retour *m* return
réussir to succeed
réussite *f* success

revenu *m* revenue, income
revenu brut *m* gross income
revenu moyen *m* mean income
revenu net *m* net income
risque *m* risk
risque à l'état pur *m* pure risk
risque d'exploitation *m* speculative risk
risque financier *m* financial risk
risque global *m* total risk
risque imprévisible *m* unforeseeable risk
risquer to risk
robot *m* robot
rôle *m* role
routage *m* routing
routier pertaining to highway travel
rural rural

S

sabotage *m* sabotage
saisonnier seasonal
salaire *m* salary
salarié *m* wage earner
sanctionné sanctioned
sanctionner to sanction
satisfaction *f* satisfaction
satisfaire to satisfy
satisfaisant satisfactory
scandale *m* scandal
schéma *m* diagram
scrupule *m* scruple
secteur *m* sector
segment *m* segment
segment visé *m* targeted segment
segmentation *f* segmentation
segmenter to segment
sélectif selective
sens *m* sense
série *f* series
service *m* service; department
service achats *m* purchasing department
service après-vente *m* customer service department; follow-up service
service d'études de marché *m* market research department
service de fabrication *m* manufacturing (production) department
service de paye *m* payroll department
service de la comptabilité *m* accounting department

service de publicité *m* advertising department
service des relations publiques *m* public relations department
service du personnel *m* personnel department
service expédition *m* shipping department
service ventes *m* sales department
services sociaux *m pl* social services
sexe *m* sex
signer to sign
simplifier to simplify
site *m* site
situation *f* situation
situer to situate
social social
socialisme *m* socialism
société *f* organization, company, society
société à but lucratif *f* profit-making organization
société à but non-lucratif *f* nonprofit organization
société anonyme *f* corporation
société collective *f* partnership
société-mère *f* parent company
société par action *f* stock company
socio-économique socioeconomic
sociologie *f* sociology
soins médicaux *m pl* medical care
solde *m* balance
solde courant *m* current balance
solution de rechange *f* alternate solution
somme *f* sum, amount
son *m* sound
sondage d'opinion *m* opinion poll
sophistiqué sophisticated
sorte *f* sort, type, kind
souligner to emphasize, underline
source *f* source
source d'information *f* information source
sources de revenu *f pl* sources of income
souscripteur *m* subscriber
spécifier to specify
spécifique specific
stabilité *f* stability
stabilité du travail *f* labor stability
stable stable

stade *m*   step, stage
standardisation *f*   standardization
statistique *f*   statistics
stimuler   to stimulate
stimuli *m pl*   stimuli
stimulus *m*   stimulus
stock *m*   stock, inventory
stock restant *m*   remaining stock
stocker   to stock
stratégie *f*   strategy
structure *f*   structure
structure en fonction des différents types de clientèle *f*   departmentalization by customer (client)
structure familiale *f*   family structure
structure par fonctions *f*   departmentalization (organization) by function
structure par produits *f*   departmentalization by product
structure par régions géographiques *f*   departmentalization by territory, territorial organization
subconscient *m*   subconscious
subliminal   subliminal
subordonné *m*   subordinate
substance chimique *f*   chemical substance
succès *m*   success
suffisant   sufficient
suivi et le contrôle *m*   follow-up and control
supérieur *m*   superior
supprimer   to cut back, stop, cancel, curtail
surestimer   to overestimate
surveillance *f*   surveillance
surveiller   to supervise, oversee
survie *f*   survival
susceptible de   likely, prospective
symbole *m*   symbol
symptôme *m*   symptom
syndicat *m*   union
syndicats par métiers *m pl*   trade unions
système *m*   system
système d'éducation *m*   educational system
système d'extinction automatique d'incendie *m*   sprinkler system

système métrique *m*   metric system
système standard *m*   standard system, accepted system

T

tâche *f*   task, job
tâche d'information *f*   information task
tâche déterminée *f*   specific task, job
tactique *f*   tactic
taille *f*   size
taux d'inflation *m*   inflation rate
taux d'intérêt *m*   interest rate
taux de change *m*   exchange rate
taux de chômage *m*   unemployment rate
taux de natalité *m*   birth rate
taux de rendement *m*   rate of return (on an investment)
taux de retour *m*   rate of return (on a mailing)
taxe *f*   duty, tax
technique   technical
technique *f*   technique
techniques de vente *f pl*   sales techniques
technologique   technological
télécopieur *m*   fax
télévision *f*   television
télex *m*   telex
temporaire   temporary
tendance *f*   tendency
tenter de   to try, attempt
terme *m*   term
terme générique *m*   generic term
terrain *m*   terrain
test *m*   test
tester   to test
tester au hasard   to random-test
théorie *f*   theory
tiers parti *m*   third party
tir *m*   target, aim
tireur *m*   drawer (of a check)
titre *m*   bond
titres *m pl*   securities
titulaire *m or f*   holder (of stock), bearer
tolérer   to tolerate
tornade *f*   tornado
total *m*   sum of money
toucher   to cash; to collect; to reach (a market)

touches *f pl*   keys, push buttons
tourniquet *m*   turnstile
toxique   toxic
trafiquer   to tamper with
transaction *f*   transaction
transcrire   to transfer
transformer   to transform
transport *m*   transport; transportation
transportable   transportable
transporter   to transport
travail à la chaîne *m*   assembly-line work
travailleur *m*   worker
trimestriellement   quarterly
troc *m*   barter
type *m*   type

U

unique   unique
unité *f*   unit; one
urbain   urban
usage personnel *m*   personal use
usine *f*   factory
utilisation *f*   utilization
utiliser   to utilize, use

V

valeur *f*   value
valeur boursière *f*   stock
valeur d'échange *f*   exchange value
valeurs *f pl*   securities, stocks and bonds
valeurs mobilières *f pl*   stocks and bonds, securities

valeurs réalisables *f pl*   accounts receivable
variable *f*   variable
variable contrôlable *f*   controllable variable
variable incontrôlable *f*   uncontrollable variable
variation *f*   variation
varier   to vary
veiller à   to watch closely
vendeur *m*   seller; sales representative, salesperson
vente *f*   sale
vente par catalogue *f*   catalogue sales
vente par correspondance *f*   mail order
ventes *f pl*   sales
vérifier   to verify
versement initial *m*   opening deposit
vie du produit *f*   life of the product
vieillesse *f*   old age
viser   to target
visible   visible
voie *f*   way
voies de communication *f pl*   avenues of communication
vol *m*   theft
volontaire   voluntary
vote *m*   vote

Z

zone hors taxes *f*   duty-free zone
zone industrielle *f*   industrial area

ENGLISH-FRENCH VOCABULARY

A

abroad à l'étranger
abuse l'abus *m*
accept accepter
acceptable acceptable
accident insurance l'assurance contre les accidents *f*
accomplish accomplir
accord l'accord *m*
accordingly en conséquence
account le compte
account statement le relevé de compte, l'état
accountant le comptable
accounting la comptabilité
accounting department le service de la comptabilité
accounting period l'exercice comptable *m*
accounts payable le passif exigible; les effets à payer *m pl*
accounts receivable les effets à recevoir *m pl,* les valeurs réalisables *f pl*
accumulate accumuler
acquire acquérir
acquisition l'acquisition *f*
act agir
activity l'activité *f*
actuary l'actuaire *m*
add ajouter
add up additionner
adequate adéquat
administrative chain la chaîne administrative
advantage l'avantage *m*
advertiser le publicitaire
advertising la publicité
advertising budget le budget publicitaire
advertising campaign la campagne de publicité

advertising department le service de publicité
advertising schedule le calendrier publicitaire
advise conseiller
affect affecter
Affirmative Action l'Action Affirmative *f*
against à l'encontre
age l'âge *m*
agent l'agent *m*
agreement l'accord *m*
agricultural product le produit agricole
air aérien
air l'air *m*
allocate consacrer
allot répartir
alternate solutions les solutions de rechange *f pl*
amortization l'amortissement *m*
amount la somme, le montant, le total
analysis l'analyse *f*
analyze analyser
annual report le rapport annuel
anticipate anticiper
anticipated anticipé
anticipation l'anticipation *f*
approach se rapprocher de
appropriated approprié
approximate approximatif
approximate se rapprocher de
arbitration l'arbitrage *m*
assemble assembler
assembly line la chaîne de fabrication (de montage)
assembly-line work le travail à la chaîne
assets l'actif *m*
assign consacrer
assure assurer
at any cost coûte que coûte

attempt tenter de
attitude l'attitude *f*
attribute attribuer
authoritarian autoritaire
authority l'autorité *f*
automation l'automatisation *f*
autonomous autonome
available disponible
avenues of communication les voies de communication *f pl*

B

balance la balance, le solde
balance of authority and responsibility l'équivalence de l'autorité et de la responsabilité *m*
balance of payments la balance des paiements
balance of trade la balance commerciale
balance sheet le bilan
bane le fléau
bank la banque
banknote le billet de banque
bankruptcy la faillite
bargain outlet le magasin de rabais
bargaining points les moyens de pression *m pl*
barter le troc
base group le groupe de base
be accountable to rendre des comptes à
be based on s'appuyer sur
be brought about s'effectuer
be carried out s'effectuer
be insured être assuré
bearer le titulaire
behave agir
behavior le comportement
belong appartenir
beneficiary le bénéficiaire
bill le billet de banque; la facture
billing la facturation
birth rate le taux de natalité
blank check le chèque en blanc
Board of Directors le conseil d'administration
bodily injury l'accident corporel
bond le bon, le titre, l'obligation *f*
boss le patron
boycott le boycottage

brand la marque
brand image l'image de marque *f*
broadcast l'émission *f*
broaden élargir
broker le courtier
budget le budget
burden oneself with s'embarrasser
burn brûler
business le commerce, l'affaire *f*
business (sales, merchandising) concern l'entreprise commerciale *f*
business enterprise l'entreprise commerciale *f*
business world le monde des affaires
business person le (la) commerçant(e), l'homme d'affaires *m*, la femme d'affaires
button la touche *f*
buyer l'acheteur *m*

C

calculate calculer
campaign la campagne
cancel supprimer
capacity la capacité
capital account le compte des opérations en capital
capital gain la plus-value en capital
capitalism le capitalisme
career la carrière, la profession
case le cas
cash l'argent liquide *m,* les espèces *f pl*
cash toucher, encaisser
cash flow le compte de flux monétaire, le cash flow
catalogue sales la vente par catalogue
catastrophe la catastrophe
catch fire prendre feu
category la catégorie
cause causer
cause and effect de cause à effet
central bank la banque centrale
centralized centralisé
certified check le chèque certifié
chain la chaîne
change le changement; la monnaie
change changer
changing le changement
channel le canal
characteristic la caractéristique

charge   prélever
check   le chèque
check made out to "cash"   le chèque au porteur
checkbook   le carnet de chèques, le chéquier
checking account   le compte-chèques, le compte courant
chemical substance   la substance chimique
chief executive officer   le président-directeur général
choose beforehand   choisir au préalable
chrysanthemum   le chrysanthème
classify   classer
clause   la clause
clear   clair
client   le client
closing   la fermeture
clothing   l'habillement m
coin   la pièce
collect   toucher, prélever, recueillir
color   la couleur
come from   provenir
come into play   entrer en jeu, intervenir
coming and going   les allées et venues f pl
commercial bank   la banque d'affaires, la banque commerciale
commission   la commission
committee   le comité
Commodities Exchange   la Bourse de Marchandises
common stock   l'action ordinaire f
communicate   communiquer
communication   la communication
communication skills   la facilité de communication
communism   le communisme
company   la société, l'entreprise f
company head   le chef d'entreprise
compare   comparer
compared to   par rapport à
comparison   la comparaison
competence   la compétence
competition   la concurrence
competitive   concurrentiel
competitor   le concurrent
complete satisfaction   l'entière satisfaction f

complex   complexe
complexity   la complexité
complicate   compliquer
complicated   compliqué
computer   l'ordinateur m
computer program   le programme d'informatique
computer science   l'informatique f
conceive   concevoir
concentrate   concentrer
concept   le concept
conception   la conception
conclusion   la conclusion
condition   la condition
conflict   le conflit
conscious   conscient
conserve   conserver
consumer   le consommateur
consumer market   le marché de la consommation
consumers' rights   les droits du consommateur m pl
consumerism   le consumérisme
contact   le contact
contact   contacter
contest   le concours
context   le contexte
contribute   contribuer
contribution   la cotisation
control   le contrôle, la réglementation
control   contrôlcr
controllable   contrôlable
controllable variable   la variable contrôlable
controlled   contrôlé
controlling   le contrôle
controversy   la controverse
convert to cash   liquider
cooperation   la coopération
corporation   la société anonyme
corruption   la corruption
cost   le coût
cost-plus pricing   les coûts m pl
costs   les frais m pl, les coûts m pl
counter   à l'encontre
convince   convaincre
cooperation   la coopération
coordinate   coordonner
corporation   la société anonyme

cover expenses   couvrir les frais
CPA   l'expert-comptable *m*
crash   le choc
create   créer
creation   la création
credit plan   les facilités de crédit *f pl*
creditor   le créancier
crisis   la crise
criteria   les critères *f pl*
cultural   culturel
curb   ralentir
currency   la monnaie, les devises *f pl*
current account   le compte des opérations
   courantes
current assets   l'actif réalisable *m*
current balance   le solde courant
curtail   ralentir, supprimer
curve   la courbe
custom   la coutume
customer service department   le service
   après-vente
cut back   supprimer

D

daily ledger   le livre journal
daily ratio   le ratio du jour
damaged   endommagé
data   les données *f pl*
data processing   l'informatique *f*
day-care center   la crèche
dealer   le fournisseur, le marchand
death   la mort, le décès
debt   la dette
debtor   le débiteur
decent   décent
decision   la décision
decision making   la prise de décision
decisive   décisif
decline   le déclin
decrease   la baisse, la diminution
decrease   diminuer
deductible amount   la franchise
defective merchandise   la marchandise
   défectueuse
deficit   le déficit
deficit value   déficitaire
define   définir
definition   la définition
degree   le degré

delay   le délai
delegate   déléguer
deliver   livrer
delivery   la livraison
demand   l'exigence *f,* la demande
demand   demander, exiger
demography   la démographie
department   le département, le service
departmentalization by customer (client)
   la structure en fonction des différents
   types de clientèle
departmentalization by function   la
   structure par fonction
departmentalization by product   la
   structure par produits
departmentalization by territory   la
   structure par régions géographiques
depend   dépendre
deposit slip   le bordereau de versement
depreciate   déprécier, amortir
depreciation   l'amortissement
design   le dessin
desired   escompté
destined   destiné
destroy   détruire
destruction   la destruction
determine   déterminer
determined   déterminé
develop   développer
developing   en voie de développement
developing country   le pays en voie de
   développement
development   le développement
devour   dévorer
diagram   le schéma
differentiate   différencier
difficult   difficile
dilemma   le dilemme
diminish   diminuer
diminution   la diminution
diploma   le diplôme
direct   direct
direct   diriger
directions (how to use)   le mode d'emploi
director   le cadre dirigeant, le directeur
disability   l'invalidité *f*
disadvantage   le désavantage
discharge (a debt)   acquitter
discount   le rabais, la réduction

discount coupon   le bon de réduction
discount store   le magasin de rabais
discrimination   la discrimination
discrimination pricing   la discrimination des prix
dispatching   l'expédition *f*
dispose of   se débarrasser
dissuade   dissuader
distance   la distance
distinguish   distinguer
distribute   distribuer
distributor   le distributeur
distribution   la distribution
distribution channels   les canaux de distribution *m pl*
distribution system   le réseau de distribution
diverse   divers
divide   diviser
dividend   le dividende
divisible   divisible
division   la division
do   agir
domain   le domaine
domestic   ménager
door-to-door selling   le démarchage
door-to-door survey   l'enquête à domicile *f*
double-entry bookkeeping   la comptabilité à partie-double
draw against   prélever contre
draw up   relever
drawer (of a check)   le tireur
dress   l'habillement *m*
drop   la baisse
due date   la date d'échéance
dump   déverser
duration   la durée
duty   le droit de douane, la taxe
duty-free zone   la zone hors taxes

E

ease   la facilité
economic   économique
economic growth   la croissance économique
economy   l'économie *f*
edit   rédiger
education level   le niveau d'éducation

educational system   le système d'éducation
effect   effectuer
efficiency   l'efficacité *f*
efficient   efficace
elaborate   élaborer
element   l'élément *m*
elevated   élevé
eliminate   éliminer
elsewhere   ailleurs
emphasize   souligner
employee   l'employé *m*
employer   l'employeur *m*
employers   le patronat
employment   l'emploi *m*
endorse   endosser
engage   engager
engender   engendrer
engineer   l'ingénieur *m*
enter   inscrire
enterprise   l'entreprise *f*
entry   l'inscription *f*, l'écriture *f*
environment   l'environnement *m*
environmental protection   la protection de l'environnement
environmentalist movement   le mouvement écologiste
equal   égal
ergonomics   l'ergonomie *f*
error   l'erreur *f*
establish   établir
establishment   l'établissement *m*
eternal   éternel
ethnic   ethnique
ethnic origin   l'origine ethnique *f*
evaluate   évaluer
evaluation   l'évaluation *f*
evident   évident
evolution   l'évolution *f*
evolve   évoluer
excess   l'excédent *m*
excessive   excédentaire
exchange   le change; la bourse, l'échange *m*
exchange rate   le taux de change
exchange value   la valeur d'échange
exclude   exclure
exclusiveness   l'exclusivité *f*
executive   le cadre
exercise   exercer

exist   exister
existence   l'existence *f*
existing   existant
existing product   le produit existant
expand   élargir
expansion   l'expansion *f*
expected   escompté
expenses   les dépenses *f pl*, les frais *m pl*
expenses to be paid   les frais à payer *m pl*
exploitation   l'exploitation *f*
export   exporter
exportation   l'exportation *f*
exterior   extérieur
external   externe

F

fabrication   la fabrication
facilitate   faciliter
facility   la facilité
factor   le facteur
factory   l'usine *f*
fail   échouer
failure   la faillite, l'échec *m*
familiarize   familiariser
family structure   la structure familiale
famine   la famine
Fascism   le fascisme
favorable   favorable
favorable working conditions   les conditions de travail convenables *f pl*
fax   la fax *(copy)*, le télécopieur *(machine)*
federal government   le gouvernement fédéral
figure   le chiffre
final   final
finance   financer
financial   financier
financial (finance) accounting   la comptabilité de finance
financial operation   l'opération financière *f*
financial protection   la protection financière
financial risk   le risque financier
financial statement   l'état financier *m*
financing   le financement
fire   l'incendie *m*
fire insurance   l'assurance contre l'incendie *f*
firm   l'entreprise *f*, la firme

fiscal   fiscal
fixed   fixe
fixed assets   les capitaux fixes *m pl*, les immobilisations *f pl*, l'actif immobilier *m*
flexible   flexible
flood   l'inondation *f*
flow   le flux
fluidity   la liquidation
flux   le flux
follow-up and control   le suivi et le contrôle
follow-up service   le service après-vente
forecast   la prévision, le pronostic
foreign currency   les devises *f pl*
foreign exchange market   le marché de devises
foreperson   le contremaître
formation   la formation
formula   la formule
formulate   formuler
fortune   la fortune
free   gratuit
free advertising   la publicité gratuite
free enterprise   l'entreprise privée *f*
free market   la liberté du marché, le marché libre
free trade   le libre-échange
freight   le fret
full employment   le plein-emploi
full-coverage auto insurance   l'assurance automobile tous risques *f*
function   la fonction
function   fonctionner
funds   les fonds *m pl*
furnish   fournir
future   l'avenir *m*, le futur

G

gamut   la gamme
gas emission   l'émission de gaz *f*
gather   recueillir
general ledger   le grand-livre
generic   générique
generic term   le terme générique
get into debt   s'endetter
get rid of   se débarrasser
get shaky   péricliter
get under control   maîtriser
giant corporation   la corporation géante

go down   diminuer
go from . . . to   passer à… de
"go under"   péricliter
go up   augmenter
goal   le but
goods   les biens *m pl*
govern   régir
government   le gouvernement
governmental   gouvernemental
grab (get) the attention   retenir
   l'attention
grant   le don
graphic   graphique
graphic art   l'art graphique *m*
gross income   le revenu brut
gross national product   le produit
   national brut
group   le groupe, le parti
group   grouper
growth   la croissance
guarantee   la garantie
guarantee   garantir
guaranteed employment   la protection
   de l'emploi

H

handicapped person   l'handicapé *m*
handling   la manutention
have in mind   avoir en tête
heavy industry   l'industrie lourde *f*
help one another   s'entraider
hesitate   hésiter
hidden camera   la caméra cachée
hierarchical chain   la chaîne
   hiérarchique
high   élevé
high   la hausse
highway travel (pertaining to)   routier
hire   embaucher
hiring practices   les pratiques de
   recrutement *f pl*
holder (of stock)   le (la) titulaire
home   le domicile
homemaker   la femme au foyer
honor   honorer
household   ménager
housing   l'abri *m*
humor   l'humeur *f*
hurricane   l'ouragan *m*

I

idea   l'idée *f*
ideal   idéal
identification   l'identification *f*
identify   identifier
ideology   l'idéologie *f*
illegal   illégal
illness   la maladie
image   l'image *f*
immense   immense
implementing   la mise en application
imply   impliquer
import   importer
importance   l'importance *f*
importation   l'importation *f*
improve   améliorer
in practice   en pratique
in principle   en principe
incite   inciter
income   le revenu
income level   le niveau de revenu
inconvenience   l'inconvénient *m*
increase   l'augmentation *f*
increase   agrandir, augmenter
incur   courir
indemnify   indemniser
independent   indépendant
indicate   indiquer
individual   l'individu *m*, le parti
industrial   industriel
industrial area   la zone industrielle
industrial era   l'ère industrielle *f*
industrial waste   les déchets
   industriels *m pl*
industrialist   l'industriel *m*
industrialized   industrialisé
industrialized country   le pays
   industrialisé
industry   l'industrie *f*
inferior   inférieur
inflation   l'inflation *f*
inflation rate   le taux d'inflation
influence   influencer
information   les renseignements *m pl*
information source   la source
   d'information
information task   la tâche d'information
initiative   l'initiative *f*, l'esprit d'initiative *m*
injunction   l'injonction *f*

injure blesser, léser
injured lésé
inspection l'inspection *f*
insufficient insuffisant
insurable assurable
insurance l'assurance *f*
insurance company la compagnie
  d'assurance
insurance policy la police d'assurance
insure assurer
insured l'assuré *m*
insurer l'assureur *m*
intangible assets les actifs incorporels *m pl*
intangible goods les biens
  incorporels *m pl*
interest l'intérêt *m*
interest-bearing account le compte à
  intérêts
interest rate le taux d'intérêt
interior intérieur
intermediary l'intermédiaire *m or f*
internal interne
international international
international business le commerce
  international
interpret interpréter
interrogate interroger
intervene intervenir.
intervention l'intervention *f*
interview l'entrevue *f*
interview interviewer
introduction l'introduction *f*
invention l'invention *f*
inventory l'inventaire *m*, le stock
inventory control le contrôle des
  inventaires
invest investir
investigator le chercheur
investment l'investissement *m*
invisible invisible
invisible trade l'échange invisible *m*
isolate isoler
issuance l'émission *f*

J

job l'emploi *m*, la tâche
job security l'emploi sûr *m*
joint joint

journal le livre journal
judge juger
judgment le jugement

K

keep garder, retenir
key personnel le personnel clé
keyboard le clavier
keys les touches *f pl*
kind la sorte, le genre

L

label l'étiquette *f*, l'étiquetage *m*
labor stability la stabilité du travail
laborer l'ouvrier *m*
lack le manque
launch lancer
launch a product lancer un produit
launching le lancement
law la loi
leap forward l'essor *m*
legal légal
lessen diminuer
level le niveau
levy prélever
liabilities le passif
liability insurance l'assurance de
  responsabilité civile *f*
life insurance l'assurance-vie *f*
life of the product la vie du produit
life-style le genre de vie
light industry l'industrie légère *f*
liking le goût
limit la limite
limit limiter
limited limité
line la ligne
line organization l'autorité de
  commande *f*
linked lié
liquidate liquider
liquidation la liquidation
liquidity ratio le ratio de liquidité
list la liste
load le chargement
loan l'emprunt *m*, le prêt
lockout le lock-out
long-term à long terme

loss   la perte
loss of income   la perte de revenu
loss of key personnel   la perte de personnel clé
low   bas
low   la baisse
lower   baisser, réduire
lowering   la baisse
loyalty   la fidélité
luxurious   de luxe, luxueux

M
machine   la machine
magazine   le magazine
magnate   le magnat
mail order   la vente par correspondance
major   majeur
majority   la majorité
make   la marque
make   fabriquer
make a profit   réaliser un profit
mall   le centre commercial
manage   diriger, gérer
manageable   maniable
management   la direction, la gestion
management accounting   la comptabilité de gestion
management by objectives   la direction par les objectifs
manager   le cadre, le directeur, le gestionnaire
managing   la direction
managing time   la gestion du temps
manipulate   manipuler
manpower   la main-d'œuvre
manufacture   la fabrication
manufacture   fabriquer
manufacturer   le fabricant
manufacturing concern   l'entreprise de fabrication *f*
manufacturing cost   le prix de fabrication
manufacturing defect   le défaut de fabrication
manufacturing (production) operations   les opérations de fabrication *f pl*
manufacturing (production) department   le service de fabrication (de production)
maritime   maritime

mark down   baisser
mark up   augmenter
market   le marché
market research department   le service d'études de marché
market segment   la partie du marché
marketing   le marketing
marketing mix   le marketing mix
marketing promotion   la communication marketing
mass   de masse
mass production   la fabrication en grande série
material   le matériau
materials   les matériaux *m pl*
materials management   le contrôle des fournitures
maturity   la maturité
maximize   maximiser
maximum   le maximum
mean income   le revenu moyen
means   le moyen
means of exchange   le moyen d'échange
means of production   les moyens de production *m pl*
means of transportation   les moyens de transport *m pl*
measure   mesurer
mechanism   le mécanisme
mechanization   la mécanisation
media   le média, les média
medical care   les soins médicaux *m pl*
merchandise   la marchandise
merger   la fusion
metric system   le système métrique
middle manager   le cadre moyen
middle person   l'intermédiaire *m or f*
minimize   minimiser
minority   la minorité
mixed   mixte
model   le modèle
modification   la modification
modify   modifier
monetary   monétaire
money   l'argent *m*, la monnaie
monopoly   le monopole
moral   moral
more   davantage

motivation   la motivation
movement   le mouvement
multinational   multinational
multiply   multiplier
mutual company   la mutuelle

N

national   national
national (of a country)   le national, le ressortissant
natural   naturel
nature   la nature
necessitate   nécessiter
negligence   la négligence
negotiate   négocier
negotiation   la négociation
negotiate   négocier
net income   le revenu net
network   le réseau
nonprofit organization   la société à but non-lucratif
norm   la norme
note   noter
notice   le préavis
number   le chiffre, le nombre

O

objective   l'objectif *m,* le but
obligated   obligé
obligation   l'obligation *f*
observation   l'observation *f*
observe   observer
obtain   obtenir
odd pricing   les prix non-arrondis *m pl,* le prix psychologique
of deficit value   déficitaire
of surplus value   excédentaire
office   le bureau
old age   la vieillesse
on the downside   à la baisse
on the upside   à la hausse
on their behalf   à leur place
on their own   à leur compte
one   l'unité *f*
open an account   ouvrir un compte
opening deposit   le versement initial
operations (sequence)   le déroulement des opérations
opinion   l'opinion *f*

opinion poll   le sondage d'opinion
orchestrated   orchestré
order   la commande
organization   la société, l'organisation *f*
organizational ability   l'esprit d'organisation *m*
organize   organiser
organizing   l'organisation *f*
out of work   au chômage
outcome   l'issue *f*
overall marketing plan   le plan d'ensemble de marketing
overdrawn account   le compte à découvert
overestimate   surestimer
owe money   devoir de l'argent
owner   le (la) propriétaire
owners' equity   le capital propre

P

packaging   l'emballage *m,* le conditionnement
paper money   la monnaie de papier
parent company   la société-mère
participant   le participant
partner   l'associé *m*
partnership   la société collective
party   le parti
passage   le passage
passbook   le livret
pay   la rémunération, la paye
pay   payer
pay a fine   payer une amende
pay raise   l'augmentation (de salaire) *f*
payee   le bénéficiaire
payment   le paiement
payroll department   le service de paye
peer   le pair
peer pressure   la pression des pairs
penetration pricing   le prix de pénétration
pension   la pension
people   le peuple
percent   le pourcentage
percentage   le pourcentage
perception   la perception
performance   la performance
period   la période
periodically   périodiquement

perishable   périssable
permanent   permanent
permit   permettre
personal   personnel
personal use   l'usage personnel *m*
personality   la personnalité
personalized   personnalisé
personnel department   le service du personnel
phase   la phase
pick up shop   plier bagages
picket   le piquet
picket line   le cordon de piquets
place (an order)   passer (une commande)
plague   le fléau
plan   planifier
planning   la planification
points of sale   les points de vente *m pl*
policy   la police; la politique
polluted   pollué
polluted air   l'air pollué *m*
pollution   la pollution
population   la population
possibility   la possibilité
post   inscrire
posting   l'inscription *f,* l'écriture *f*
potential   potentiel, en puissance, éventuel, susceptible de
power   le pouvoir
powerful   puissant
practical   pratique
precedent   le précédent
precise   précis
preferred stock   l'action privilégiée *f*
preliminary   préliminaire
premium   la prime
premium amount   le montant des primes
prepaid expenses   les frais payés à l'avance *m pl*
prepare   préparer
presentation   la présentation
president   le président
press   la presse
press conference   la conférence de presse
press release   le communiqué de presse
pressure   la pression
prestige   le prestige
previously   au préalable
price   le prix

price fixing   la fixation des prix de vente
price lining   l'alignement des prix *m*
price setting   la fixation des prix de vente
price skimming   le prix d'écrémage
principal   principal
principle   le principe
private   privé
private accountant   le comptable privé
private business   l'affaire individuelle *f*
private ownership   la propriété individuelle
private property   la propriété privée
probability   la probabilité
problem   le problème
process   le procédé, le processus
procure   procurer
produce   les denrées *f pl*
produce   produire
product   le produit
product life cycle   le cycle de vie du produit
production   la production
production and operations management   la gestion de la production et des opérations
production control   le contrôle de la production
production management   la gestion de la production
production planning   la planification de la production
productivity   la productivité
professional   professionnel
professional training   la formation professionnelle
profit   le bénéfice, le profit, les rentes *f pl*
profit   profiter
profit and loss   les gains *m pl* et les pertes *f pl*
profit margin   la marge de profit
profit-making organization   la société à but lucratif
profitable   rentable
profitability   la rentabilité
profitability ratio   le ratio de rentabilité
program   le programme
progress   l'essor *m,* le progrès
progress   progresser
prohibit   empêcher

projected   escompté
projection   la prévision
promissory note   le billet à ordre
promotion   la promotion
promotion pricing   le prix de promotion
promotional literature   la littérature
  promotionnelle
prompt   prompt
property   la propriété
property loss   la perte de propriété
proportion   la proportion
prospective buyer   l'acheteur éventuel *m*
prospective customer   le consommateur
  susceptible d'acheter
protect   protéger
protection   la protection
protectionist   protectionniste
provide   fournir
psychological pricing   le prix
  psychologique
psychology   la psychologie
public   public
public   le public
public accountant   le comptable public
public relations   les relations
  publiques *f pl*
public relations department   le service
  des relations publiques
publication   la publication
publicity   la publicité
pull up stakes   plier bagages
purchase   l'achat *m*
purchasing department   le service
  achats
pure   pur
pure risk   le risque à l'état pur
push button   la touche
push the client   pousser le client

Q

quality   la qualité
quality control   le contrôle de la qualité
quality insurance   l'assurance de la
  qualité *f*
quantity   la quantité
quarterly   trimestriellement
quota   le quota

R

radio   la radio
railway   ferroviaire
random-test   tester au hasard
rate of return   le taux de rendement
  (investment); le taux de retour *(mailing)*
ratio   le rapport, le ratio
raw materials   les matières premières *f pl*
reach (a market)   toucher
react   réagir
react accordingly   réagir en conséquence
real asset   l'atout *m*
realm of experience   le champ
  d'expérience
reason   raisonner
reasonable   raisonnable
reasoning   le raisonnement
receipt   la recette
receivable notes   les effets à recevoir *m pl*
receiver   le récepteur
recession   la récession
reciprocally   réciproquement
recognition   la reconnaissance
recommend   recommander
reconcile   concilier
record   relever
recourse   le recours
recruit   recruter
rectify   rectifier
reduce   diminuer, réduire
reduction   la réduction
reduction coupon   le bon de réduction
regain market share   rattraper le marché
register   inscrire
registry   l'inscription *f*
regulate   réglementer
regulated   réglementé
regulating   la réglementation
regulation   le règlement
relation   la relation
release   dégager
release funds   dégager des fonds
religion   la religion
religious   religieux
rely on   s'appuyer sur
remaining stock   le stock restant
render a service   rendre un service

repairs   les réparations *f pl*
repercussion   la répercussion
repetition   la répétition
replace   remplacer
replacement   le remplacement
replenish   réapprovisionner
represent   représenter
representative   représentatif
requirements   les exigences *f pl*
research   la recherche
resistant   résistant
resolve   résoudre
resources   les ressources *f pl*
respect   respecter
responsible   responsable
responsibility   la responsabilité
result   le résultat
result   résulter
retail business   le commerce de détail
retailer   le détaillant
return   le rendement; le retour
return (merchandise)   la reprise
return   rapporter
revenue   le revenu
review   résumer
right   le droit
rise   la hausse
risk   le risque
risk   risquer
risk factor   le facteur risque
river transport (pertaining to)   fluvial
robot   le robot
role   le rôle
routing   le routage
rule   régir
run   courir
run (a machine)   faire marcher
rural   rural

S

sabotage   le sabotage
salary   le salaire
salary increase   l'augmentation (de salaire) *f*
sale   la vente
sales   les ventes *f pl*, la vente
sales department   le service ventes

sales follow-up   l'après-vente *m*
sales personnel   la force des ventes
sales promotion   la promotion de ventes
sales rep   le représentant, le vendeur
sales techniques   les techniques de vente *f pl*
salesperson   le vendeur
sample   l'échantillon *m*
sampling   l'échantillonnage *m*
sanction   sanctionner
satisfaction   la satisfaction
satisfactory   satisfaisant
satisfy   satisfaire
savings account   le compte d'épargne
savings bank   la caisse d'épargne
scale   l'échelle *f*
scandal   le scandale
scanner   le lecteur optique
scheduling   la programmation
scruple   le scrupule
seasonal   saisonnier
sector   le secteur
securities   les valeurs (mobilières) *f pl*, les titres *m pl*
segment   le segment
segment   segmenter
segmentation   la segmentation
selective   sélectif
seller   le vendeur
sender   l'émetteur *m*
sense   le sens
series   la série
service   le service
service enterprise (company)   l'entreprise de service *f*
set-up costs   les frais d'installation *m pl*
set a price   fixer un prix
set loose   relâcher
set up again   s'installer de nouveau
sex   le sexe
sexual harassment   le harcèlement sexuel
share   la quote-part
share   partager
shareholder   l'actionnaire *m or f*
shelter   l'abri *m*
shipment   le chargement, l'envoi, l'expédition
shopkeeper   le marchand

shipping maritime
shipping department le service expédition
short-term à court terme
showing a deficit déficitaire
sign signer
simplify simplifier
simultaneously and proportionately au fur et à mesure
sit-down strike la grève perlée
site le site
situate situer
situation la situation
size la taille
social social
social class la classe sociale
social ladder (scale) le cadre social
social services les services sociaux *m pl*
socialism le socialisme
society la société
socioeconomic socio-économique
sociology la sociologie
sophisticated sophistiqué
sort la sorte
sound le son
source la source
sources of income les sources de revenu *f pl*
spare part la pièce de rechange
special offer l'offre spéciale *f*
specific spécifique
specific task (job) la tâche déterminée
specify spécifier
speculative risk le risque d'exploitation
spill déverser
stability la stabilité
stable stable
staff organization l'autorité de conseil *f*
stage l'étape *f,* le stade
stakeholder le dépositaire d'enjeux
standard system le système standard
standardization la standardisation
state l'Etat, l'état *m*
statement l'état *m*
statistic la statistique
statistical quality control le contrôle par statistiques
steel industry l'industrie de l'acier *f*

step le stade
stimulate stimuler
stimuli les stimuli *m pl*
stimulus le stimulus
stock l'action *f,* la valeur boursière; le stock, l'inventaire *m*
stock entreposer, stocker
Stock Exchange la Bourse (des Valeurs) *f*
stockbroker l'agent de change *m,* le courtier
stockholders' equity le capital propre
stocks and bonds les valeurs (mobilières) *f pl*
stop empêcher, supprimer
store le magasin
store emmagasiner, entreposer
store department le rayon de magasin
strategy la stratégie
stride l'essor *m*
strike la grève
strike breaker le brise-grève
striker le gréviste
strong résistant
structure la structure
subconscious le subconscient
subliminal subliminal
subordinate le subordonné
subscriber le souscripteur
subsidiary la filiale
suburb la banlieue
succeed réussir
success le succès, la réussite
sufficient suffisant
sum (of money) la somme, le montant, le total
superior le supérieur
supervise surveiller
supplier le fournisseur
supply l'offre *f*
surplus value excédentaire
surveillance la surveillance
survey l'enquête *f*
surveyor l'enquêteur *m*
survival la survie
symbol le symbole
symptom le symptôme
system le système

T

tactic   la tactique
take charge of   se charger de
take on   embaucher
tamper with   trafiquer
tangible assets   les actifs corporels *m pl*
tangible goods   les biens corporels *m pl*
target   le tir
target   viser
targeted segment   le segment visé
task   la tâche
taste   le goût
tax   la taxe
taxes   l'impôt *m*
technical   technique
technical know-how   la compétence
    technique
technical skills   la compétence technique
technique   la technique
technological   technologique
television   la télévision
telex   le télex
temporary   temporaire
tendency   la tendance
term   le terme
terrain   le terrain
test   le test
test   tester
theft   le vol
theft insurance   l'assurance contre le vol *f*
theory   la théorie
third party   le tiers parti
time frame of the campaign   la durée de
    la campagne *m*
to the order of   à l'ordre de
tolerate   tolérer
top management   la direction générale
tornado   la tornade
total   le montant
total risk   le risque global
toxic   toxique
toxic wastes   les déchets toxiques *m pl*
trade   le commerce, l'échange *m;*
    le métier
trade balance   la balance commerciale
trade unions   les syndicats par
    métiers *m pl*

trademark   la marque déposée
training   la formation
transaction   la transaction
transfer   transcrire, transférer
transform   transformer
transport   le transport
transport   transporter
transportable   transportable
transportation   le transport
truck   le camion
try   tenter de
turnover   le chiffre d'affaires
turnstile   le tourniquet
type   le genre, la sorte, le type
typewriter   la machine à écrire

U

uncontrollable   incontrôlable
uncontrollable variable   la variable
    incontrôlable
unemployed   au chômage
unemployed person   le chômeur
unemployment   le chômage
unemployment rate   le taux de chômage
unforeseeable risk   le risque
    imprévisible
union   le syndicat
unique   unique
unit   l'unité *f*
unlimited   illimité
unskilled laborer   l'ouvrier non-qualifié *m*
unsold   invendu
upheaval   le bouleversement
urban   urbain
use   utiliser
utilization   l'utilisation
utilize   utiliser

V

value   la valeur
value yardstick   la mesure de valeur
variable   la variable
variation   la variation
vary   varier
vending machine   le distributeur
    automatique
verify   vérifier

very important   primordial
visible   visible
visible trade   l'échange visible *m*
voluntary   volontaire
vote   le vote
voter   l'électeur *m*

W

wage earner   le salarié
wallet   le portefeuille
warehouse   l'entrepôt
warehouse   entreposer
warehousing   l'entreposage *m*
warning   le préavis
watch closely   veiller à
way   la voie
weight   le poids
what the market will bear   le prix du
    marché
wholesale business   le commerce du gros
wholesale/retail business   le commerce
    de demi-gros
wholesaler   le grossiste
wording   la rédaction

work force   la main d'œuvre, la
    population active
work slowdown   le ralentissement de
    travail
work station   le poste de travail
work stoppage   l'arrêt de travail *m*
worker   le travailleur, l'ouvrier *m*
working   l'exploitation *f*, la marche
working capital   les fonds de
    roulement *m pl*
work(ing) conditions   les conditions de
    travail *f pl*
work-related accident   l'accident du
    travail *m*
wound   la blessure
wound   blesser
write   rédiger
write a check   écrire un chèque
wrong   léser
wronged   lésé

Y

your money back   remboursé

INDEX